千字文

故事·配图

[南朝梁]周兴嗣 编
胡真 注评

上海古籍出版社

图书在版编目(CIP)数据

千字文 / （南朝梁）周兴嗣编，胡真注评. —上海：上海古籍出版社，2011.12（2014.7重印）

ISBN 978-7-5325-6176-6

Ⅰ. ①千… Ⅱ. ①周…②胡… Ⅲ. ①汉语－古代－启蒙读物 Ⅳ.①H194.1

中国版本图书馆CIP数据核字（2011）第245881号

责任编辑 方晓燕 张家珍
装帧设计 何 旸 盛 美
版面设计 周爱明
技术编辑 王建中
插图绘画 诚美堂图文工作室

千 字 文

［南朝梁］周兴嗣 编

胡真注评

上海世纪出版股份有限公司
上海古籍出版社 出版发行

（上海瑞金二路272号 邮政编码200020）

（1）网址：www.guji.com.cn

（2）E-mail：guji@guji.com.cn

（3）易文网网址：www.ewen.cc

发行经销 新华书店上海发行所
制版印刷 上海丽佳制版印刷有限公司
开本 889×1194 1/20
印张 8.8 字数 160,000
印数 5,301-7,600
版次 2011年12月第1版
2014年7月第2次印刷
ISBN 978-7-5325-6176-6/I·2426
定价 19.00元

前言

《千字文》是中国古代最有名的启蒙读物之一。相传，梁武帝萧衍从著名书法家王羲之的碑帖中选取了一千个不重复的常用字来教儿子们认字。后来觉得这些字每字一个纸片，不仅用起来很不方便，而且也不容易记住，于是命令大臣周兴嗣把它们编成好记的歌谣。周兴嗣很有文才，不过这个任务也不轻松：一千个不重复的汉字既要编成有韵脚的歌谣，又要有一定的教育意义，还不能重复使用。传说周兴嗣还是很神的，花了一晚上的时间，就编成了我们今天看到的《千字文》，不过付出的代价也不小，头发都变白了。

故事到底是不是真事，今天已无从考察，但隋唐以来，《千字文》大为流行，背诵《千字文》被视为识字教育的基本功却是事实，因为它不是简单的单字堆积，而是条理分明、通顺可诵、咏物咏事的韵文，其内容又涉及自然、社会、历史、教育、伦理等多方面的知识。所选千字，大都是常用字，生僻字不多，便于识读。如果熟读、背诵，不仅认识了一千个字，还了解了许多必备的常识、典故。

此外，由于《千字文》正好一千个字，又不重复，这个特点使之又有了一些其他的实用价值。首先是得到了书法家的青睐。它本身就是从王羲之写过的汉字中提取出来的，后来王羲之的后人书法家智永用楷书和草书抄写了许多本《千字文》广为散布，以后的许多书法家也争相效仿。从习书者的角度来看，能得到一卷名家所书《千字文》临摹，可以学到一千个不同汉字的结构、运笔，这一点是其他内容的字帖无法比拟的。其次是《千字文》有一千个不同的字可以用于大容量编号，这是“一二三四”、“甲乙丙丁”、“子丑寅卯”无法完成的。旧时的巨著如《道藏》、《文渊阁书目》等都用《千字文》编卷目。到近代，陈垣先生任北京图书馆馆长的时候还用《千字文》作序号编了敦煌遗书的目录《敦煌石室经卷总目》。陈先生还有一个有趣的生活习惯，每天散步一千步：一边走一边背《千字文》，一个字一步，所以正好走一千步。

对于今天的孩子来说，对《千字文》的价值和功用要给以一个客观公正的评价。《千字文》是一千多年前的产物，随着历史的发展，尤其是近一二百年的变化，中国人的语言文字、社会生活和价值理念都发生了很大的变化，一些内容在那个年代是“常识”，到了今天不免有点生僻。《千字文》对古人写的文言文和诗词很有帮助，熟读、背诵可以提供不少音律上的感觉，也能由此掌握一些基本的遣词造句手法，但对于现代文写作的意义就小一些了。同时，《千字文》的产生本来就是一个“拼图游戏”的过程，本身也有一些句子是为了字数、韵脚而硬凑的。这些都是《千字文》的局限，今天我们完全不必认为让孩子读背这一千个字就会让他们对国学、对传统文化有了什么理解和感悟，把《千字文》看成是什么灵丹妙药。而另一方面我们也看到，文中的很多内容并不受时代的限制，尤其是一些关于道德、伦理、为人处事的训诫内容，至今还是有益的、正面的。同时，文中的四字韵语有着很强的浓缩、概括的作用，其背后的更多内容在童年未必能全部接受，但很可能成为年龄稍长之后扩展学习的一个导航——“起翦颇牧”或许就是研读军事故事的开始，“罔谈彼短”可能是日后处世的座右铭。这些又都是《千字文》的好处。因此，在孩子能够很快接受一些文字的年龄，用合适的方式把《千字文》传授给他们，还是一个不错的、历经长期考验的好选择。

在古代，《千字文》是幼儿读物，凡读书人信口就可以给孩子讲解，因此过去少有为之注解的，即便有注也比较随意。然而在今天，一般的家长、教师要做到随口讲解恐怕是有难度的，所以我们必须要做一些工作来保证孩子们能更顺畅地接受其内容。

第一，是文字上的疏通。古今汉语表达有差别的字词必须用最简单的方式加以对照，只是为避免繁琐，我们对一些深层的、属于训诂范畴的问题尽量加以回避，能够顺畅阅读原文即可。

第二，是介绍典故。文中有些话是对于典故的提炼，我们用简单的话把相应的典故加以还原，但并不把有关故事的原始本末加以详细叙述。这既是由于字数上的限制，也因启蒙读物本身只具有初步引导的作用，所以给孩子留一个以后自主阅读、自主探索的空间。

第三，是扩展故事。文中一些语句比较概念化而又蕴含一定哲理，如果有合适的故事、常识能够发明其理又能增强趣味性的，附在相关段落之后。

第四，是插图。童年时期的阅读，从生理和心理上说都很难如成人一样长时间集中注意力，所以我们选择图文间隔的方式，使得孩子能够在阅读过程中“劳逸结合”，提高阅读效率。

今天的孩子，通过这样的形式接触了《千字文》，多年以后，其中如有人在读书或生活中联想到其中的片言只语，或觉似曾相识，或觉若有所悟，或能按图索骥继续探索，或能左右逢源会心一笑，那么此书也就不负使命了。

千字文

tiān dì xuán huáng yǔ zhòu hóng huāng

天地玄黄 宇宙洪荒

天是黑色的，地是黄色的。宇宙在很久很久以前广阔而荒凉。玄，就是黑色。洪，是大的意思，荒是说没有开发。这是千字文的开头，从天地宇宙之初说起。看起来是再简单平常不过的常识，实际上却并不简单，这里所说的天和地的颜色，就跟我们的生活经验不尽相同。很大、很玄的问题背后，一定有很多深刻的文化、哲学因素。至于小孩子读《千字文》，只要知道古代人这么说就是了，更深一层的思索是长大以后的事情。另外，过去的考场、监狱、帐册及大部头书籍等需要大量编号的地方常用《千字文》，“天”相当于第1，“地”相当于第2，以此类推，所以俗话中有“天字第一号”的说法。

rì yuè yíng zè

日月盈昃

太阳走到正午的时候在天空的正中，接着就要西斜了。月亮在月中是最圆的，接着就要慢慢缺损了。

从天地进而说到日月。不过，这四个字是一个压缩了的说法，完整的应该是“日中则昃，月盈则亏”。太阳每天东升西落，这是自然现象，但从人的感情上说，人们更喜欢太阳升得最高的时候，所以形容人的事业发展到顶峰有个成语叫“如日中天”。而每当太阳正当头之后，接下来肯定要“昃”，也就是西斜了。同样的，月亮在每个阴历月的月中也就是“十五”是最圆的，我们称为满月，盈也就是满的意思。但在满月之后的日子里，月亮会一天天缺损下去，这就是亏。亏到月底又开始慢慢复原直到下一个满月。

chén xiù liè zhāng

辰宿列张

星星一颗颗地排列在天空。辰是指天上的星星，宿指天上的星座，也就是为了识别方便被人们分成一组一组的星。列和张在这里是同义词，都表示排列、分布的意思。

中国古代对天空中星宿的划分主要是三垣和二十八宿，每个“垣”和“宿”都是一个包含若干星辰的固定区域。三垣是环绕着北极和比较靠近头顶天空的星区，分紫微、太微、天市三部分，各区都有东西两藩的星，围绕成墙垣的样子，因而叫做三垣。二十八宿是把沿天赤道的带状部分划分为二十八个星区，指东方七宿：角、亢、氐、房、心、尾、箕；北方七宿：斗、牛、女、虚、危、室、壁；西方七宿：奎、娄、胃、昴、毕、觜、参；南方七宿：井、鬼、柳、星、张、翼、轸。其中包括了古人能够观测到的主要恒星。除此之外，天上最容易观测到的还有今天所说的五大行星——金星、木星、火星、土星和水星。

hán lái shǔ wǎng qiū shōu dōng cáng
寒来暑往 秋收冬藏

这句话里的寒、暑分别指的是冬天和夏天。就是说，一年四季相互交替，每年都有夏日的结束，冬天的来临。庄稼在春天播种，在夏日生长，在秋天收割，在冬天贮藏。这两句文字浅显，内容也是再普通不过的常识，在过去，凡识几个字的人无人不知，所以常被人信手拈来用作调侃的素材。南宋时候，偏安江南，国力孱弱，北方金兵年年在深秋粮足马肥的时候南下掳掠，天快热的时候才回去，江浙一带百姓只好秋后躲入山中，到夏天再出山回家。所以当时有人就写了这样的对联：“彼则寒来暑往，我乃秋收冬藏。”这也算是对当时政治境况的辛辣讽刺。

rùn yú chéng suì

闰余成岁

闰是一个历法问题。我们的祖先因为生产和生活的需要，把时间进行划分，于是有了年、月、日、时。年和日比较好办，其实就是地球公转、自转的周期。但光有年和日是不够的，于是就有了月。但有月就有麻烦了：世界上有的地方的人根据地月关系，按照月亮从圆到缺的周期来确定月的长短，这是太阴历（月亮别称太阴）；也有的地方的人以年的长短为依据，然后把一年划分为若干个月，这是太阳历。而从天文上说，年、月、日之间并不是整倍数关系，中国人用太阴历为基础，十二个月凑不满一年（通常只有354天或者355天），所以，约每三年积累成一个月，加在一年里，要不然几年下来季节就颠倒了。这种历法上的补缺方式就称为“闰”。

lǜ lǚ tiáo yáng

律吕调阳

古代校正乐律的器具是用竹或金属制成的十二个管子，直径相等，以管的长短来确定音的不同音高。从低音管算起，奇数位的六个管叫做“律”，偶数位的六个管叫做“吕”，合称“律吕”。古人把苇膜烧成灰，放到律管中，藏在密室内，某一节候到了，相应律管中的葭灰就会飞出来。所以，本是和音乐相关的律管就跟天时、历法及调理阴阳等理论有密切关系了。后来，律吕调阳几乎成了一则常用成语，要细细说清其中的来龙去脉是要有些学问的，要随便用用却也不难。于是，不少姓吕的人从中找到了起名字的灵感，明朝有个吕调阳，官做得很大，后来清朝又有个吕调阳，虽然名气稍小，但也有不少著作传世。汉字取人名的巧妙也由此可见一斑。

yún téng zhì yǔ lù jié wéi shuāng
云腾致雨 露结为霜

腾是升，致是导致，结是凝结。因为海拔越高气温就越低，所以云气在上升的过程中遇冷逐渐凝成雨滴；夜里的温度比白天的低，所以夜间水气遇冷凝结成霜。《诗经》中《蒹葭》篇里有“蒹葭苍苍，白露为霜”的句子，说的就是露和霜的转化。这两句讲的是一年四季之中，有云雨霜露来滋长万物。至于云、雨、霜、露之间的具体关系，古人没有足够的自然科学知识去加以解释，但这些常见的自然景物却频频进入诗文，给读者带来奇特的联想和美妙的感受。

jīn shēng lì shuǐ yù chū kūn gāng
金生丽水 玉出昆冈

上面讲到天时，这两句讲地利。地生万物，最宝贵的莫过于金玉。丽水，即云南丽江，又叫金沙江，盛产金砂，在宋元时期已淘金成风。昆冈，即昆仑山，以产玉著称。传说昆仑山的神仙们把昆仑玉种在苗圃中，尽心呵护一千年就能分泌出一滴玉膏。然而玉非常难种，常常眼看快成玉膏时却忽然毁了，数百年的心血瞬间化为乌有。过去人们常开玩笑用《千字文》中的句子做成歇后句，比如有人写酒的质量太差，淡而无味，便说“冷吞却似金生丽，热饮浑如周发殷。”对于熟悉《千字文》的人来说，“金生丽”就隐藏了一个“水”字，“周发殷”隐藏了一个“汤”字（“周发殷汤”句在下文）。汤就是热水，也就是说这酒冷着喝像水，热着喝像热水，实在淡而无味，只是骂得很含蓄，要是没读过《千字文》，根本不知道他在骂什么。

jiàn hào jù què　zhū chēng yè guāng
剑号巨阙　珠称夜光

巨阙，是宝剑名。春秋时期，越王允常命令著名工匠欧冶子铸造五把宝剑，最锋利的是巨阙，其次分别是：纯钧、湛卢、胜邪、鱼肠，这些都是古代著名的宝剑名称，在诗文中，任何一个都能用来泛指宝剑。夜光是明珠的名字，和巨阙不同，它本来不是专门的宝珠的名称，只是一种形容，也可以叫夜明珠。古代的国王隋侯看到一条小蛇受了伤，就上前去救了它。后来，小蛇衔来一颗明珠送给隋侯作为报答，这颗明珠在夜里竟然像烛火一样把整个屋子都照亮了。所以，历代就把名贵的珠子叫做夜明珠。事实上，自然界的矿物能够自发冷光的本来就比较罕见，如电灯或火把一般能照亮整间屋子的更是没有实物证明，古今中外传说中都有神奇的高亮度夜明珠，或许是夸张，或许是人们现在还不了解的物质。

guǒ zhēn lǐ nài cài zhòng jiè jiāng
果珍李柰 菜重芥姜

李就是李子，而柰就是北方所谓的沙果一类，都是人们经常食用的水果。芥就是芥菜，它有很多种，我们今天熟悉的雪里蕻、大头菜和榨菜都是芥菜家族的成员。至于姜，严格说来应该算作调味品而不是菜，但《千字文》是要考虑押韵，并且用字不能重复，所以也就不必较真了。当然，这两句说的草木花果中重要的、常见的当然不仅仅李、柰、芥、姜四种，只是列举一二来代表其余的。但总的来说，古代的蔬菜水果远没有今天的丰富多彩，除了近现代大量引进的洋物种之外，历史上有两次比较集中的植物物种引进，一次是汉代张骞出使西域，中国才有了葡萄、芝麻等植物。另一次是明朝时，全世界的大航海给中国带来了辣椒、土豆、玉米等我们更熟悉的作物。可以说，今天我们经常食用的果蔬，大多是舶来品。

hǎi xián hé dàn　lín qián yǔ xiáng

海咸河淡　鳞潜羽翔

海是大陆上各条河流最终的归宿。我们经常说“四海之内皆兄弟”，为什么叫四海呢？原来古人认为天地的四面八方海水都是相通的，而坚实的土地只是嵌在海水中间的岛屿，所以有“四海”之称，指的实际上就是天下。这两句是说海水的味道是咸的，河水的味道是淡的。鳞，泛指湖海中鱼类；羽，泛指空中飞翔的鸟类。说的是有鳞片的鱼在水里畅游，长着羽毛的鸟在天空自由地飞翔。由于技术限制，在古代，大江大河都是人们不可逾越的障碍，更不要说浩渺的大海了。对于各种飞禽走兽，也远不像现代人那样有很细致的分类和研究。然而，对大自然知之不多的祖先无疑更接近人与自然的和谐，如今的我们知道的远不止于“海咸河淡”，却要面临着更大的环保压力。

lóng shī huǒ dì
龙师火帝

“师”是官的意思。龙是指上古的伏羲氏。传说伏羲降生的时候，天空有龙出现，所以，他手下的官都以“龙”命名。另外，伏羲根据黄河中出现的龙图画了八卦，所以伏羲氏也叫做“龙师”。帝是“君”的意思。至于在中国历来都有板有眼的龙究竟是什么生物，至今还是一个谜。上古时，人们生食那些腥味臊气的食物，肠胃经常会生这样那样的毛病。有一个圣人，从鸟啄木出现火花受到启示，钻木取火，并把这种方法教给了人们，人类从此学会了人工取火，用火烤炙食物、照明、取暖、冶炼等，人类的生活进入了新阶段。人们称这位圣人叫燧人氏，因为他教给人们怎样用火，所以也叫他“火帝”。

niǎo guān rén huáng

鸟官人皇

相传黄帝之子少昊氏能听得懂飞禽走兽的语言，因而能与各种禽兽自由对话，驯服牲畜，成为部落德高望众的首领，人称“鸟官”。传说中，后来孔子的弟子公冶长也是懂鸟语的，不过他并未因此做官，更谈不上做首领了。远古时代有天皇、地皇、人皇掌管天下，合称三皇。但“三皇”的说法并不一致，有很多种，比如还有把三皇定为太古时代的伏羲氏、神农氏和黄帝的。但把远古三个帝王和上古五个帝王合称为“三皇五帝”的说法是一直有的，只是具体指哪几个帝王说法不一，反正在古人的信念中，远古时代是幸福指数最高的理想社会，是后来历代政治推崇的典范。所以后来秦始皇为表示其地位的崇高无比，就采用三皇的“皇”、五帝的“帝”构成了“皇帝”的称号。

shǐ zhì wén zì
始制文字

传说仓颉是黄帝的史官，负责记载历史事件，可是没有文字，十分不便。于是仓颉四处收集资料，开始造字了。刚开始造的字都是仿造物体的具体形状，例如“日”、“月”、“木”等字就是照着太阳、月亮、树木的模样勾画的，就是以后说的象形文字。后来，光是象形不够用，便又有了其他多种造字方法，如会意、指事、形声等。当然，这只是传说，事实上造字不可能是一个人在一段有限的时间里完成的。汉字产生的来龙去脉早已无从了解，而汉字又完全不同于现代世界通行的其他文字，只是用若干个字母来表示其语音而已。汉字的掌握和使用非常复杂，它的产生自然也是一个漫长的过程。然而，汉字的复杂也带来了一个莫大的好处，那就是人类的语音变化太快了，而汉字能表意，所以可以保存更古老的文字供后人阅读和研究。

nǎi fú yī cháng
乃服衣裳

上古的百姓没有衣服，只用树叶和鸟兽的皮毛来蔽体保暖。后来，黄帝的妻子嫘祖教人们养蚕取丝，人们从此才穿上了纺织的衣服。开始，人们称上身的为“衣”，下身的为“裳”，后来两个字连用，就泛指身上的衣物了。有了衣物就标志着脱离了野蛮人的生活而成了文明人，在我们祖先看来，衣裳可不仅仅是保暖用的。说到黄帝、尧、舜这样的圣明君主，常说“垂衣裳而天下治”，意思是通过制定衣服的制度而建立了一套礼仪体系，天下就得到了完美的治理。所以，“衣裳”这个词可以用来指代区别于蛮夷番邦的中原，也可以用来指代圣明的君主。另外，还可以指代区别于普通百姓的达官显贵，这不是说普通百姓不穿衣服，而是在礼法体系中，有身份、有等级的贵人都有相应的服饰。

tuī wèi ràng guó　yǒu yú táo táng

推位让国　有虞陶唐

推和让的意思是“把自己的东西送给别人”，“位”指君主的位子，“国”的意思是土地，这里指管理国家的权力。“有虞”指舜，又称虞舜；“陶唐”指尧，又称唐尧。尧把国家交给了贤明的舜，舜又把国家交给了禹。禹则把王位给了自己的儿子，从此以后就变成父亲传给儿子了。这两句话的意思是说，唐尧、虞舜英明无私，主动把君位和国家管理权禅让给功臣贤人而不是自己的子孙。过去把这种君位传承制度叫做禅让，理论上历来人们对禅让都是十分推崇的，但从来就没有真正实行过，只有少数篡逆谋反者在实际掌握权力之后打着“禅让”的幌子威逼前任退位。另外，在传说中，尧是在舜之前的，这里为了押韵，把他们的次序颠倒了一下。

diào mín fá zuì zhōu fā yīn tāng

吊民伐罪 周发殷汤

吊是安慰的意思，伐是讨伐、征讨。周发指周朝的第一个君主武王姬发。商朝末年，纣王即位，他连年征战，百姓民不聊生。周武王见纣王众叛亲离，就发兵五万与其他诸侯一心伐纣。只用了六天，就打到了离首都朝歌只有七十里的牧野。最后，纣王走投无路，自焚于朝歌鹿台，周武王就此建立了周朝。历史上商朝又称作殷，成汤是商的第一个君主，他讨伐夏朝暴君桀而建立商朝。这两个句子的意思是说，安抚苦难的百姓而讨伐有罪的君主的，是周朝的武王和殷商的成汤。历史上，战争是家常便饭，一旦打起来，谁都想声称自己一方是正义之师，如果不是针对外族入侵的战争，那多半就会说自己是“吊民伐罪”，所以这是个使用频率很高的成语。

zuò cháo wèn dào　chuí gǒng píng zhāng
坐朝问道　垂拱平章

这两句承接上文，说明君王是怎样治理朝政的。朝指朝廷，道这里可以理解为道理。垂拱是垂衣拱手的意思，只要垂着衣服拱着手就可以把天下治理得很好，就是所谓的“无为而治”。汉字大多是多义的，“垂衣”可以这样理解：中国式的衣服宽袍大袖，拖垂下来。前面提到“垂衣裳而天下治”，“垂”就理解成流传的意思，即制定了衣服礼制流传下去。明明同一个字、相同的语境，却有不同的解释，汉语中这样模糊两可的用词是很常见的。平章，就是辨别彰明的意思。这两句话讲的是贤明的君主坐在朝廷上，向大臣们询问管理国家的办法，不用费多大力气，就可以把国家治理得国泰民安，天下太平。

刘邦建立汉朝之后，面对的是秦朝严苛法治的后遗症，所以汉代的前三朝皇帝都采取了黄老之术作为对应。所谓黄老，就是黄帝和老子，他们的政治主张是清静无为，也就是让百姓自由地发展，政府尽量不要去无谓地干涉。汉初的开国元勋之一的曹参被派到刘邦长子刘肥的封地齐国去做相国，曹参请教了当地的隐士盖公，盖公和曹参谈了黄老的治国之术，希望他能借鉴黄帝垂拱而治的经验。曹参回到相府颁布命令：让农民自由种地，让商人自由交易，不要去打扰。此后再没有新的政令下达。后来，曹参上调中央做了汉王朝的丞相，依旧用这个老法子，每天工作非常清闲，治理的效果却出奇得好。

爱育黎首 臣伏戎羌
àiyù lí shǒu chén fú róng qiāng

黎是一种黑中带黄的颜色，首就是头的意思，人都长着黑色的头发，所以把百姓叫做“黎首”。也有说是因为过去做官的有官帽，而普通百姓只有黑布做的包头巾，所以有这个称呼。戎和羌都是西北少数民族的名字，这里泛指周边的少数民族。中国东部、南部都是海岸线，所以实际上历来有威胁的少数民族都在西北，而人们的政治理想中一直也都是希望我们的中原大国能够强盛，对周边的少数民族并不是要消灭，而是要他们臣服、敬畏。这句话是紧接着上文有道明君说的，说这些明君爱惜养育着百姓，并且使得少数民族纷纷俯首称臣。这两句话实际上是对中国传统的政治思想中关于内政和外交两方面的高度概括，至今仍然有着深远的影响。

唐朝贞观二年，京城大旱，蝗虫大量滋生，刚刚即位的太宗因此忧心不已。他走到禁苑中，抬头看见半空中的蝗虫如烟如云，有许多落下的正饥不择食地啃着所有它们能吃的东西！他拾起几只蝗虫说道：“粮食是百姓的生命，你吃了粮食，就害苦了百姓，百姓有什么过错呢？责任全在朕身上啊！如果你们真有灵性，只该吃我的心肺，不要伤害百姓呀！”随后一口吞下了蝗虫。左右的人急忙劝说：“不能吃，吃下去要生病的！”太宗坚定地说：“朕希望蝗虫不要殃及无辜百姓，所以希望灾祸转移到朕身上，还担心什么病呢？”也许是皇帝的真诚撼动了上天，这一年虽然也有蝗虫，却没有闹成厉害的蝗灾。从这件事中可以看出，唐太宗能创造中国历史上繁盛的“贞观之治”也绝非偶然。他曾经把君主和百姓的关系比作船和水，说：“水能载舟，亦能覆舟。”历来有成就的大政治家也都把关心百姓、爱护百姓看作施政的根本要领。

xiá ěr yì tǐ　shuài bīn guī wáng

遐迩壹体　率宾归王

遐是远，迩是近。率是都、全部。宾是服从。普天之下，无论远在外裔还是近在中国，有道的明君都是一样看待，都一样施与恩泽，所以所有的老百姓都服服帖帖地归顺于明君的领导和统治。人类的君王都不免要靠征服来得到权力，但我们中国的祖先不推崇武力，他们认为，武力的威胁和压制，只能是暂时的，真正的、完美的征服要靠仁义，要用真诚、智慧和辛劳来为百姓谋福利，换取百姓的拥戴，那才是真正的权力。所以，历史上被当作楷模的圣明君主无一不具有强大的道德感染力，反之，那些单靠武力实施独裁统治的暴君下场都很惨。率宾归王，只是对成功政治的一个常用描述，要了解更深的思想、更多的细节，还要从其他的史书中去发掘。

后稷是周朝的祖先，据说他是尧舜时候的农官，是他教会了百姓农业生产。到了他的曾孙公刘，带领族人到豳（今天陕西彬县一带）定居，继续从事农业生产。传到后稷的十二代孙古公亶父的时候，百姓有了稳定的生产生活。但是这时周边的薰育、戎、狄等部族都来侵犯。百姓都愤怒了，想要反抗。古公亶父说：“人民拥立君主，是为了替他们谋福利。现在戎狄所以要攻击我，是为了我的土地和人民。人民属于我和属于他们，又有什么差别呢！人民为我的地位去战斗，我不忍心！”于是他就和自己亲近的部属离开豳地，定居到岐山下。没想到原来住在豳地的百姓，扶老携幼，全跟着古公亶父陆陆续续搬了家，其他地方的百姓听说这里有仁爱的首领，也多来归附。后来，古公亶父的孙子就是著名的周文王也深得民心，周朝能有八百年的统治，和他们几代人爱惜民众有着很大的关系。关于周朝之前的事情，流传下来的记载很少，而且多半带有些传说性质，但对于后人来说，故事的精神、理念已经具有十分鲜明的指导意义了。

míng fèng zài zhú　bái jū shí cháng

鸣凤在竹　白驹食场

凤是一种吉祥的鸟，这种鸟只吃竹子的果实，只栖息在梧桐树上，传说只有有道的人才能看得见。小马叫驹，白驹就是小白马，小白马在草地上欢乐地吃着草。这两句是说大王的恩泽深厚，不仅对人，而且延及到了动物身上，一派和谐欢愉的景象。不过，这里的白驹又有另一层深意。过去的孩子读了《千字文》之后继续学习的话就少不了要读《诗经》，《诗经》中有一首的篇名就叫做《白驹》，开头就是“皎皎白驹，食我场苗。絷之维之，以永今朝。”絷、维都是拴、系的意思，旧时的解释是，这白马是贤人的坐骑，让它在我的场圃里吃草，便可以将贤人多留住一会儿。这是一个明君求贤的典故，用得很巧，不知道典故也不影响阅读，至多让人感觉专讲政治的段落里突然冒出两种动物有些奇怪罢了。

春秋时，楚国有个人叫卞和，他在荆山上砍柴时发现一只凤凰正落在一块青石上休息。凤凰是一种高洁的鸟，它只吃竹实，只喝醴泉的水，只在梧桐树上栖息……如今，它落在这石头上，这块石头必有文章！于是，卞和就把这块石头搬了回去，献给当时的楚厉王，说这一定是一块宝玉。天然的玉石外表跟普通的石头没什么区别，名字叫璞，只有经过玉匠的雕琢，去掉外面的杂质才会变成人见人爱的美玉。而没有剖开之前，只有经验丰富的玉匠才能大体判断到底是普通的石头还是璞。厉王的玉匠鉴定下来说这块只是普通的石头，楚王下令把这个骗子卞和的左脚砍去以示警戒。二十年后，楚武王即位，卞和又去献璞玉，还是被当成了骗子，结果右脚也被砍了。卞和成了白发老头，看着绝世宝玉就这样将被埋没，于是抱着璞玉在荆山下痛哭三天三夜，眼睛都哭瞎了。楚文王知道后，命人剖开了璞，果然得到了稀世宝玉。为了纪念发现者，文王命人将璞玉制成了“和氏璧”，从此它成为历史上最著名的美玉。

huà bèi cǎo mù lài jí wàn fāng

化被草木 赖及万方

化是造化孕育的意思，被是及或到的意思，赖是有利于的意思。方是东、南、西、北四方，万方则泛指天下万物。有道的明君，他的仁德是达到所有万物的，不管是草、木、鸟、兽，都各得其所。连草木也被造化孕育，并把这种恩泽波及到万物，于是全天下都能蒙受他的恩泽了。在古代，各种自然现象是和君主的施政好坏关联在一起的，历史书中总有不小的篇幅来专门记载这些现象，而在当时，这些都会直接对皇帝本人产生强烈的影响。如果发生了山崩、地震之类的糟糕事，皇帝就会认为是自己的工作出了问题，受到了上天谴责，从而要向大臣百姓作检讨。如果发现了一颗灵芝或逮到一头白鹿，皇帝就会很高兴。这固然是古人缺乏科学知识所致，但也未尝不是古代政治家敬业的表现，他们这种敬畏自然的虔诚精神还是值得赞许的。

gài cǐ shēn fà　sì dà wǔ cháng
盖此身发　四大五常

古人认为人的身体是由地、火、水、风四种元素组成的：“地”指的是皮肤毛发、筋骨脑髓等；“水”指的是我们的血液、鼻涕、眼泪等体液；身体的暖热属“火”；敏捷的动作属“风”。这四种元素叫做“四大”，构成人的外在形体。“五常”指仁、义、礼、智、信五种品格，即人的内在的心性。“盖”是发语词，没有什么具体的意义。《千字文》的编纂，是带有高度浓缩性的，像这里的“四大五常”其实就有不少歧义。比如“四大”还可以说是道、天、地、人，“五常”也可以指五行。一般来说小孩子读一读、背一背，知道有这么一说也就行了，过去的私塾先生比较随意，可以多讲一些，也可以不讲，日后进一步读书时遇到，自然会跟儿时的记忆挂起钩来。

gōng wéi jū yǎng qǐ gǎn huǐ shāng
恭惟鞠养 岂敢毁伤

“恭”的意思是恭敬。“惟”是语气词，没有实在的意义。这句话的意思是讲，人的外在和心性是统一在一起的，都是父母赐予的，不敢对它有任何的伤害。因此，在清朝之前，男人女人都是留着头发的，尽管理发不疼，但头发也是“受之父母”，是不能随便割除的。至于自戕自残和好勇斗狠而不顾及自身的行为，在孝道上说更是不可容忍的。回头看前两句，其中的“五常”是一个很巧妙的过渡，因为“五常”还有一种含义，指的是五种伦常道德，即父义、母慈、兄友、弟恭、子孝。这里开始讲做人的要义，首先就要提“孝”，而“孝”绝不是空洞的道德概念，它就在日常生活中，甚至就在于保护好自己的身体，不要让父母无谓地担心。

nǚ mù zhēn jié nán xiào cái liáng

女慕贞洁 男效才良

效是仿效、效法的意思，才良指才能出众。这两句的意思是说女子要以贤惠贞节的女子作为自己的榜样，男子应该仿效那些德才兼备的贤人。

zhī guò bì gǎi dé néng mò wàng

知过必改 得能莫忘

以下说的都是针对前面的“五常”而言。如果有过失的话就要及时改正，人都会犯错误，犯了错误能及时改正并不再犯就好。如果学到了本领或有了体会，就一定要坚守，不要使它失去。

北魏时的甄琛，出身官宦世家，从小聪明过人。到了独立出门的年龄，家里就给他准备了足够的资费让他进京谋官了。到了京城，一下子独立自主的甄琛就开始有些忘乎所以，京城的繁华使他对所有新鲜的东西充满了兴趣，却忘记了父母的嘱托、家人的希冀。渐渐地，聪明的甄琛又迷上了围棋，每天招来一些棋友通宵达旦地下棋。每到晚上，他下棋，从家里带来的老仆人就为他举着蜡烛照明。几天下来，老仆人体力不支，一天晚上举着蜡烛睡着了。正在兴头上的甄琛对老仆人劈头盖脸一顿责骂。等他发完了火，老仆人慢悠悠地说道："小主人辞别父母到京城谋职很不容易，如果是读书或者和有学问的人讲学论道，老仆我举着蜡烛那是本分。日以继夜地下棋，这恐怕不是我们进京的目的吧！"甄琛听了，一下子警醒过来，连忙向老仆道歉，并且从此不再下棋。他遍访京城中的学者名人，借书求学，由此学问大进，后来成为北魏的名臣和大学者。

wǎng tán bǐ duǎn mǐ shì jǐ cháng
罔谈彼短 靡恃己长

罔和靡都是不要的意思，彼就是他人、别人。恃的意思是依靠倚赖。这句话告诉我们不要随意谈论别人的缺点和错误，更不能诋毁别人。如果自己有所长，也不能依仗自己的长处而自高自大不能容人。《千字文》中不允许出现同样的字，因此很多差不多的句式中所选的不同字往往很有深意，如这里的“谈”和“恃”就是很好的例子。别人的短处往往对自己并没有什么实际的帮助，只能拿来作谈论的话题以显示自己的高明，对己无益同时也伤害了别人。而自己的长处却可以用来处理事务，可一旦心理上形成傲慢自负的情绪，那么，长处变成短处，给自己的事业带来损失，给自己的品行带来污点。

养由基号称春秋第一神射手。楚庄王的时候，他初露头角，隔河一箭射死了搞叛乱的大力士斗越椒。楚共王的时候，养由基和楚国将军潘党比射箭，潘党找了三片最小的杨树叶子，在上面标了“一”、“二”、“三”，养由基在三支箭上也标了“一”、“二”、“三”，退到百步之外，三支联珠箭，直奔杨树叶，依次序“对号入座”，分别穿过三片杨树叶的中心。很多故事就讲到这里为止，也就是“百步穿杨”这一成语的典故。然而，故事还有下文，楚共王听说这事之后并没有夸奖养由基，反而说：“作为将军要靠谋略智慧，有了本事到处逞强，你将来一定会死在你的本事上！”不久以后，楚共王在战斗中被射中了眼睛，还是由养由基替他报了仇，但是三十年之后，自认为“宝箭不老”的养由基终于在战场上被吴国的铁叶车包围，吴军万箭齐发，养由基被射成了刺猬，楚共王的预言也变成了现实。因为射箭成名，又最终死在箭下，这是养由基的归宿，所有自恃其能者也同样如此。

xìn shǐ kě fù qì yù nán liáng
信使可覆 器欲难量

信的意思和现在我们说的诚信差不多，覆是回复、可以检验的意思。与人约定，一定要讲究诚信，做到自己所答应的，应有根有据经得起别人的检验。器是肚量、胸怀的意思，量的意思是估量、衡量。人的器量要广大深厚，令人难以估量，不能总是拿着自己的一点小本事、小聪明四处炫耀。诚信和器量看起来并没有很大的关系，是品德中的两个方面。可如果真的时时刻刻在生活中关注自身的修养，你会发现，坚持诚信和保持宽容大度，有一个十分相似的特点，那就是在矛盾冲突时保持修养并不难。坚持诚信会损失一些利益，用宽容面对无礼的挑衅，这都可以做到；难的是坚守一个别人都已经忘记了的承诺，平静地面对孤独与冷漠，这才是修养的更高境界。

守信是个人的品行，信誉则是成事的基础。战国时的魏国人商鞅来到秦国，向秦孝公讲述了富国强兵之道。秦孝公非常欣赏商鞅的思想，于是任命他为左庶长，相当于秦国的总理。上任伊始，他做了一件看似和治国大计毫不相干的事情。这一天是赶集的日子，在南门贴出了一张告示，边上有一根圆木。告示上的大意是谁能把这根圆木扛到北门就赏十金，落款是左庶长商鞅。看热闹的人很多，人们都在议论，因为这太奇怪了。把这根木头扛到北门，任何成年人，哪怕是身体健壮一点的妇女都不难做到的；十金的赏金却是不小的数目，够一个普通平民购置房舍田产了。人们都不相信会有这样的好事，所以，没有人做。到了中午，告示更新了，赏金涨到了五十金！终于，一个小伙子出来尝试了，顺利完成之后，轻松得到了一笔巨款。秦国的百姓都知道新来的左庶长是说话算数的；很快，商鞅的政治改革也如星火燎原般推行开来，秦国由此走上了富强之路。

mò bēi sī rǎn
墨悲丝染

墨，即战国时期著名的思想家、教育家墨子，姓墨，名翟，墨家学派的创始人，有《墨子》一书传世。墨翟看到染丝的人，觉得很悲伤，他对那些人说："用青色的颜料染丝就变成了青色，用黄色染丝就变成了黄色。所以，染色时一定要慎重啊。"虽然说的是染丝的事情，其实是暗喻个人的品德修养。这个故事就保留在《墨子》中，并由此发挥，成为专门的一篇，题目就叫《所染》。可见墨子十分注重环境对人的影响作用的，犹如俗话所说的"近朱者赤，近墨者黑"。每个人对此都一定要非常谨慎，在可以选择环境的时候要善于选择，在无法选择时要时时警惕不要让环境给自己的品行带来不良的影响。

这是唐代文学家柳宗元讲的一个寓言故事：有个住在江边的人打猎时捉到一只小鹿，把它带回家饲养。刚一进门，一群狗流着口水，想吃小鹿。主人非常恼火，赶跑了那群狗。从那以后，猎人每天都抱着小鹿接近狗，让狗习惯它，不欺侮它，后来又逐渐让狗和小鹿在一起玩耍。时间长了，那些狗也都顺从主人的意愿了。而小鹿逐渐长大了，也忘记了自己是只鹿，认为狗真的是自己的朋友，时常和狗一起顶撞翻滚，越来越亲昵。狗因为害怕主人，只得顺从小鹿，一起玩得很好，但私下里时常舔着舌头，想要吃掉小鹿。几年之后，小鹿走出家门，看见大路上有一群野狗，立刻跑过去想跟它们玩耍。这群野狗见了鹿非常高兴，马上龇牙咧嘴的一起围了上来，把鹿咬死吃掉了，将尸骨乱七八糟的抛在路上。鹿一直到死都没有明白落得这个下场的原因。环境可以给鹿造成错觉，让它忘掉自己是鹿，忘掉自己的天敌，忘掉自己该做什么、不该做什么。对人，又何尝不是呢？

《诗》赞羔羊

shī zàn gāo yáng

《诗》就是《诗经》，是我国最早的诗歌总集，保存了春秋战国以前的305首诗歌。其中有一首名为《羔羊》的诗，虽有这样的题目，但诗中写的并不是羊，而是身穿羔羊皮袍的人，一个高级的官员、贵族。按照传统的解释，诗人是用羔羊皮的洁白纯净赞颂大夫的节俭正直的品德。不过，诗歌创作常用比兴手法，关于诗人、诗作的背景资料不足时，往往很难确定作品的主题。清代以来，有很多学者质疑这首《羔羊》到底是称赞还是讽刺，只是旧时科举考试时只能依据旧注，不能按自己的理解任意发挥。姑且不管《羔羊》是不是“赞”，纯净无瑕、没有私心杂念总应该是每个人自我品德修炼的重要目标。

jǐng xíng wéi xián　kè niàn zuò shèng
景行维贤　克念作圣

景行一词出自《诗经·小雅·车舝》"高山仰止，景行行止"，传统的注解稍有不同，但这两句的大意不外乎是说效仿品行高尚的人去修身处世。贤是那些个人品德修行卓有成就的人，我们称之为贤人；圣，则是比贤人更高一个层次的、道德品行完美的人。"惟狂克念作圣"是《尚书》中的一句，用词更加古奥。"克"是能、可以的意思，大意是说即便狂人，若是常有善念也能变成圣人。这里把两句经书中的话稍作加工结合在一起，是说我们做人的目标应该以贤人为榜样，以圣人为终极目标。古代的读书人，除了孔子和一些传说中的人物之外，不轻易称之为圣人，圣人一词是抽象的、理想化的。所以，对一般人的要求也就是读书、明理的贤人。大方向是这样，能走到哪一步则要看个人的能力和努力程度了。

dé jiàn míng lì　xíng duān biǎo zhèng

德建名立　形端表正

表，是古代测量日影用的标杆，它必须完全垂直于地面，才能得到准确的数据，所以“表”就有正、标准之类的意思，由此产生了表率、为人师表等词汇，又常用表和影的关系来比喻做人“行正不怕影子歪”的道理。这两句是说人如果能品行端正、严于律己，那么就能以自己的品德建立良好的声誉。所以，小心自己的每一个选择，不要做有损德行的事情，正是每个人要时时在意的。《左传》中有“太上有立德，其次有立功，其次有立言”的名句，“立名”尚不在其列。少年时期，如果能树立高尚的理想，以修德为本，通过努力获得事业和著述方面的成就是指日可待的；如果放任自流，随着世俗的熏染，很可能连对“名”的兴趣都没有了，成为一个唯利是图的人。那样，将是一个粗鄙的人生、可悲的结局。

北宋初年的宰相吕端是一个品行端正的典范。吕端一度曾经和寇准共事，并且是他的上级。寇准力主抗辽，但说话很直，得罪了不少人。后来宋太宗选择新宰相，大家推举吕端，吕端却说寇准更合适，因为他为人正直，而且他的抗辽主张符合当时的民族利益。结果，有一段时间是两人并居相位，共同主政。吕端这种甘居人下的做法体现出他高尚无私的品格。后来有一个边关的将军名叫李继迁的，叛国投敌了，朝廷只抓到了他的母亲，宋太宗大怒，准备杀掉他的母亲以示警戒。众臣都随声附和，惟独吕端提出异议，说杀了其母也抓不到他本人，反而加深冤仇，无益于国。最终，宋太宗还是采纳了吕端的意见，将其母安置在延州供养侍奉，直至去世。多年以后，边关一直相对平静，最后，李继迁的儿子也因此投降了宋朝。事实证明这件事吕端的主张是正确的，而更难得的是他在原则问题上能坚持己见，不因个人利害而逃避。

kōng gǔ chuánshēng xū táng xí tīng

空谷传声 虚堂习听

习是重复的意思，习听就是指声音重复响起的回声现象。在空旷的山谷和大堂里，都会有回声的现象。古人没有物理常识，不能像我们一样用科学来解释这个现象。运用科学知识能够从客观理性的角度分析自然现象，而古人经常用这些现象来比喻人生、阐述道理。这两种不同用意的做法各有妙用，我们不能简单地嘲笑古人不懂常识。声音在山谷和大堂都会传回给我们，一个人的所作所为所想同样也会像这声音一样反馈给我们自身，从科学角度说，二者没有任何关系，但从人的认知规律来看，这样的比喻很容易让人去思考、领悟相关的人生哲理，可以得出的结论是：如果希望这世界更美好、更和谐，还是多做好事、多一些好的念头。

huò yīn è jī fú yuán shàn qìng
祸因恶积 福缘善庆

庆，也是善的意思，两个字是同义词，但“恶”和“积”不是，所以这两句看上去是对仗句，其实对得并不很工整。这是沿着上面两句比喻说下来的，像回声一样，人的行为在社会这个大山谷里，也必定是善有善报，恶有恶报。放眼古今中外，大到国民教育、宗教教义，小到祖训家规，从来都是劝善戒恶的，从来没有谁会公然宣扬杀人放火。扬善抑恶是人类公认的价值取向，它并不需要证明，也无从做出终极证明。至于因果报应的理论，一定程度上是利用人们普遍的趋吉避凶的心理来进行劝导，是一种小方法、小技巧，的确不像很多自然科学原理那样可以重复验证、屡试不爽的。对于我们每个人来说，善，只要去做，不要问为什么，也没人能说出个为什么。

chǐ bì fēi bǎo cùn yīn shì jìng
尺璧非宝 寸阴是竞

璧，是中间有小孔的圆形玉器，是被一般人视作财宝的东西。而且，凡是天然材料的财宝，通常总是越大越珍贵，直径有一尺的璧当然是价值不菲。而对于一个有志于成就自己光辉人生的君子，身外的财宝并不重要，重要的是要将每时每刻用于学习、思考和体悟人生。所以有“一寸光阴一寸金”、“圣人不贵尺之璧，而重寸之阴”这样的格言。少年时期，思想、心性都没有完全固定下来，最易在各种诱惑的作用下沉溺颓废，无所事事，所以儿童教育中从来少不了珍惜时间的话题。然而，生理的、社会的很多因素决定，一个人不可能绝对不浪费时间，玩耍饮宴之类再常见不过。所以在教育孩子的时候这个话题又显得很有些难度。其实，人的学习、工作都是有规律、有节奏的，死板地把一切时间都挤出来利用是不合理的，形成一个富有活力的节奏才是最重要的。

陶侃是东晋的一代名将，对东晋的建立、稳固做出了重要贡献，他的品行、修养也为后人所称道。据说陶侃小时候很顽皮，不爱读书，陶侃的母亲教育有方，常常借机开导。一次，正在织布的母亲对玩耍归来的小陶侃说："你看这是什么？""梭子啊！"织机上的梭子飞快地穿来穿去，母亲说："你看它多快啊！你不是学过'光阴似箭，日月如梭'吗？时间就是这么快过去的。"陶侃若有所悟。在母亲的影响下，陶侃渐渐改掉了坏毛病，认真学习，最终走上了当时被名门大族把持的政坛。陶侃做了大官之后，仍然严格要求自己，对属下也不放松。他最恨的是饮酒和赌博，不仅自己从不参与，发现属下有因此误事的，就把赌具和酒具沉入江底，并说："大禹这样的圣人尚且珍惜每一分光阴，何况我们一般人？生前不做有益的事，死后不能留名，那是自己把自己废了！"后来，人们在陶侃的家乡修建了一座读书台，又叫"惜阴书院"，用来纪念这位了不起的人物，也用来传承他这种珍惜时间、奋发向上的精神。

zī fù shì jūn yuē yán yǔ jìng
资父事君 曰严与敬

资，是借用的意思。这两句是《孝经》里“资于事父以事君而敬同”的压缩，意思是在朝侍奉君主和在家侍奉父母是一样的，方法、态度都可以借用、照搬，核心就是严谨和诚敬。孝，是中国传统中一个最重要的道德伦理观念，忠是孝的一个衍生品。在过去，如果骂人骂到“无父无君”，那是再严重不过了；有公职的人要是碰上父母去世，则必定要请长假回家守孝；民事案件中子女殴打辱骂父母的都是重罪，甚至可以直接适用死刑。父母和子女的良好关系本来是出自天性的，古代的政治家顺从了这一点，以此为突破口建立了一整套社会秩序。所以孝和忠也就成为历来教育后代的基本要义，有着详细的要求。今天，时代变了，生活变了，但是我们社会秩序的基础并没有变，对孝与忠的忽视反而可能成为影响今后社会生活的隐患。

孝当竭力 忠则尽命

xiào dāng jié lì zhōng zé jìn mìng

这两句是承接上文进一步发挥。说在家尽孝和在朝尽忠都要竭尽全力、全身心地投入，不能有所保留，不能有私心杂念夹杂在其间。孝和忠本是非常抽象的伦理概念，竭力、尽命这样的描述性词汇也只能是一个简单的勾勒，说明孝和忠应该是一种忘我的精神，对儿童来说，这是正面的、基础的要求。但人世间的事十分复杂，伦理观念的冲突矛盾时有发生，譬如西晋初年的嵇康是被司马昭所杀，但他的儿子嵇绍却做了晋朝的官，最后为了保护司马昭的孙子、以弱智而著称的皇帝司马衷，他选择了献身。用忠的标准衡量，他很壮烈；用孝的眼光来看，他很荒诞。所以，后人有称赞他的，也有责备他的。关于这样一些更深入的思考，还需要在人生的旅途中进一步慢慢历练，最基本的概念还是：忠孝立身。

清朝的官职中，两江总督是一个十分显赫的位置，然而康熙年间的两江总督于成龙却因生活俭朴被百姓称为“于青菜”。他的办公室里没有茶叶，仆人只好把槐树叶摘了泡茶，天长日久，衙门后的槐树都光秃秃的。在于成龙的身上，这样的事情还有很多，他因此被称为“清朝第一廉”，他的座右铭是：“彼君子兮，不素餐兮。”意思是说做官要为民做事，不能白吃饭。一个忠君爱国的好官光廉洁是不够的，不白吃饭还要能做事、能把事做好。康熙对于成龙委以重任，除了因为他的“廉”，更重要的是他的“能”。于成龙仕途上的第一站就是广西罗城，当时战乱新定，局势不稳，城内只有六户居民，前两任县令一死一逃。被迫寄居在关帝庙办公的于成龙凭着毅力和能力，硬是在三年之间恢复生产、稳定治安、兴办学校，使罗城百姓安居乐业。由于有突出的政绩，他的官职稳步上升，能够产生的作用也越来越大，为清初的建设做出了重要贡献。他去世后数万百姓为他焚香祷告，康熙皇帝亲撰碑文。他是一个在和平年代尽心本职的官吏的典范。

lín shēn lǚ bó sù xīng wēn qìng
临深履薄 夙兴温清

这两句专说孝道，并且是以举例的形式描述到细节了。《诗经》有“如临深渊，如履薄冰”的句子，用来警醒人们做人做事要保持一种戒惧、小心的状态，因为任何事情都可能毁于不经意的随便和马虎。尽孝也要有这样的心态。夙是早上，兴是起身。“夙兴”是“夙兴夜寐”的简写，指晚睡早起的勤奋。早晚分别要做什么呢？温和清是一组反义词，意思说孩子要照顾父母起居，温就是冬天替父母暖被窝，清就是夏天用扇子扇枕席，效果好不好不重要，这只是孩子力所能及的事，用来履行孝道的。古代确有不少孩子是这么做的。古人要求做子女的尽孝，注重从思想、态度上端正，而具体做法则要从小处做起，要的不是偶尔的突击行动，而是长期的坚持。

sì lán sī xīn rú sōng zhī shèng
似兰斯馨 如松之盛

百善孝为先。真正能在家尽孝的人，其他方面的品行也就不会差到哪里去。人们习惯上把品德优秀的人比作植物中馥郁芬芳的兰草和茂盛常青的松树，诗文中常有这样的比喻，在作画时也常用这些植物寄托情怀。“馨”、“盛”二字本来用于形容植物的芳香和茂盛，后来产生引申意义，用于形容品德。“馨”侧重于形容品德美好、广为人知，“盛”侧重于品德高尚、宏大。这两句只是寻常的称美，类似诗歌中的比兴手法，与上下文没有紧密的逻辑联系，所以安置在谈孝道和谈各方面品德修养两个部分之间作为过渡。“斯”是一个比较古老的虚词，有多种不同的用法，在《诗经》、《论语》等先秦作品中常见。

chuān liú bù xī　yuān chéng qǔ yìng
川流不息　渊澄取映

品德，是人的思想中固定了的成分，不是心血来潮的想法，因此必定会锲而不舍地坚持，如同大河中的水流，连绵不断。川流不息是《千字文》首创的成语，已经成为现代的常用词，不过专门用来形容人流、车流的拥挤繁忙，失去了它本来的含义。高尚的品德又是人心中最光明的成分，没有任何私念和愧疚，因此也没有什么不能呈现在别人面前的，如同深渊寒潭的一泓清水，一眼见底，光明磊落。用北宋大学者、政治家司马光的话说："吾无过人者，但平生所为未尝有不可对人言者耳。"这样的话，说者轻松，听者也觉得平淡无奇，但仔细想来，一个人每天做许多事，说许多话，真要做到事事都能放在阳光下晒，谈何容易？所以儒家学者都是将日常说话做事当作功夫来练，只是这功夫不侧重于生理、力量或搏击，而是专注于心理和个人品德。

róng zhǐ ruò sī　yán cí ān dìng
容止若思　言辞安定

一个人的品德修养是可以通过容貌、举止和言谈透露出来的。若有所思、安静祥和是修养深厚的人的通常表现。这两句源自《礼记·曲礼上》："毋不敬，俨若思，安定辞。"朱熹称这三项为君子修身的要义，认为做到这三样就能达到"安民"的效果。这话原本是对做官的"君子"和准备进入仕途的学子说的，但撇开"安民"的目的不论，一个人平素的神情、言语的确是内在修养的反映，注重自己的神情举止，养成良好的语言习惯，正是提升修养的切入点。只是必须要认识到，容止、言辞本身并非道德修养，只是内在修养的反映，不能本末倒置，刻意地以修饰言行为务，否则就成了培养演技，对品德修养的提高未必有多大好处，反而可能有害。

东晋的谢安出身望族世家，性格沉稳。当时前秦实力很强，北下讨伐东晋，号称百万之众。面对强敌，谢安接受了征讨大都督的职位，在京城指挥应敌，而前线的主要将领则是他的侄子谢玄。这是一场兵力悬殊的战斗，谢安的心里并不踏实，但谁也没有从他的言行举止看出这一点。决战前夜，谢安召集将领分派了任务，一切安排妥当。次日，谢玄等率领晋军和秦军在淝水交战，谢安则在家中和客人悠闲地下棋。流星快报驰马送来了最新的战报，所有人的心都提到了嗓子眼，没想到谢玄看了看战报，顺手放在一边继续下他的棋，脸上没有任何表情。最终是对弈的客人忍不住了，开口询问，谢安这才慢慢地说了句：“我的子侄们打败了敌人。”——这就是中国历史上最著名的以少胜多的经典战例淝水之战。后人更多地从军事斗争的角度去分析这场经典战役的战略战术成功所在，而主帅谢安过人的心理素质在其中起到的重要作用其实也是不可忽视的。

dǔ chū chéng měi shèn zhōng yí lìng

笃初诚美 慎终宜令

笃是厚的意思，笃初和慎终的意思正好相对应，分别是说重视一件事的开始和结束。美和令也是同义词，都是表示“好”。两句话总的是说不仅要重视事情的开始，也要重视事情的结束，所谓善始善终。一般人做事往往在开始的时候热情较高，投入了很多精力去规划、思考，但随着时间的推移，热情退去，不免会有忽略、懈怠。所以这里用了一个“诚”字，诚有固然的意思，能注重开始固然是好的，但尤其不能忽视的是事情的结束。人提升自己的品德，也是从孝敬父母这样的小事做起，最终即使出将入相、身居高位，也不能有丝毫的放松。因为地位、声望的提高而在各方面降低对自己的要求，对事业、名声造成损失甚至身败名裂的例子不在少数，每个人都要引以为戒。

清朝乾隆年间有一个因贪污被处死的高官名叫王亶望。王亶望，山西临汾人，江苏巡抚王师的儿子。不过他并不像他的父亲，他的正规学业上并没有全部完成，只是考到了举人，随后花钱买了一个知县的职务。捐官在当时是合法的，但王亶望的目的不正，先被派往甘肃，掌管山丹、皋兰诸县，后任甘肃布政使，勾结总督勒尔谨卖文凭、卖官职，又向朝廷虚报旱灾，骗了朝廷几百万两的救济金私分。他做官的目标就是钱，为了获得更多的钱就必须拼命往上爬。在任浙江巡抚时，遇到乾隆帝南巡，为讨好主子，不惜花费巨资，大修特修楼台殿阁，张灯结彩，连乾隆皇帝也觉得非常过分。后来，他先前在甘肃的所作所为败露，由此追查下去，乾隆皇帝挖出了一窝巨贪，从他家抄出的金银达一百多万两，同案被处死者达二十二人。王亶望贪赃枉法，终于落个身败名裂的下场。他是一个既没有“笃初”，自然也就谈不上“慎终”的反面典型。

róng yè suǒ jī　jí shèn wú jìng
荣业所基　籍甚无竟

荣业，盛大的功业。籍甚，盛大、盛多。无竟，没有穷尽。前面说到的种种个人品德的修养，看似小事，却是一生功业的基础。孝顺、谦恭、和善、尽心、稳重等等，是做任何事业都需要的基础，只有有了这样的修养才能使事业稳步向前，否则即便成功也只能是一时的侥幸，很快会毁于一旦。在古代社会，个人通过自幼的学习努力奋斗而能做到名利双收的常规途径只有从政，所谓的功业，相对比较狭窄，并未涉及社会的方方面面。在启蒙教育阶段难免会谈到一些成功的政治人物及其事业，以此来劝诱子弟，这是时代的局限，我们今天的读者在阅读时要体会其原理，再结合现代的生活实际进行进一步的思索和理解。

xué yōu dēng shì shè zhí cóngzhèng
学优登仕 摄职从政

古人说的“学”是专指从经书入手，提升自己的品德修养，学习治国安邦的道理，不包括我们今天说的手艺或技术的学习。所以，学成之后可以报效国家，登上仕途，为百姓做事，为君主分忧。前面说过，古今社会的理念有所不同，古代有点“惟有做官高”的味道，现代人则讲求平等，只要能为社会做贡献的都值得尊重。比如说演员，在古代是很受轻视的，现在却由于他们能为公众熟悉而显得特受推崇，关于这样的差别还能举很多例子。我们要看到的是，道德和理想还是做人的根本，具体的社会环境不同，从事的职业有别，都是外在的，自身的学养总会对事业产生有益的影响，这是一条公认的规律。

cún yǐ gān táng　qù ér yì yǒng
存以甘棠　去而益咏

甘棠是一种树的名字。西周初年，召公巡行南方，为百姓做了许多好事。召公走了以后，老百姓很思念他，就编了歌谣来纪念他，其中提到了一棵甘棠树，因为召公曾经在树下面休息、办公，所以人们不忍心去砍伐它。这首诗也被收入了《诗经》。后来，“甘棠”成了一个著名的典故，专门用来称颂好官施政有方，以及百姓对他的怀念之情。在古人的心目中，官做得好不好，不是上级或皇帝说了算的，要看老百姓的口碑。如果说民间通俗文艺中好官的代表是包青天、海青天，那么，正统经史中的相应代表就非召公莫属了。尽管在古代也有在这个方面动歪脑筋的，有离任的官员组织百姓“送万民伞”之类的活动，但从总的趋势来看，老百姓的悠悠之口还是最为可信的评价指标。在孩童时代树立理想，还是应该依据这样的目标。

yuè shū guì jiàn lǐ bié zūn bēi
乐殊贵贱 礼别尊卑

人是聚集在一起生活的，于是就必须有贵贱尊卑的等级，否则，人人都绝对平等，谁也不听谁的，那肯定就乱了。在古代的中国，人们用礼和乐来区分人们的地位。礼，是一系列的规定；乐，则是这些规定的表现形式。它们涵盖的内容很广，大到国家制度、外交礼仪，小到衣着服饰、言行举止，无不涵盖其中。这些细则，后来也成为儒家学术中两个重要内容。而当社会发生动乱，人与人互相争斗、没有了应有的秩序的时候，就称之为“礼崩乐坏”。至于这两句话，在修辞上称为“互文”，它并不是如字面上说的，乐只负责区分贵贱，礼只管辨别尊卑，而是说礼乐共同的功用是区别贵贱尊卑。

shàng hé xià mù　fū chàng fù suí
上和下睦　夫唱妇随

以下是通过社会生活的伦理关系来说明“礼”的一些要求。社会是由一个个家庭组成的，家庭的主要成员就是夫妇。一个和谐的社会，尊贵者和卑贱者之间的关系应该是和睦的，而这，正应该从家庭中的夫妇做起。在农业社会里，男子是主要的劳动力，所以家庭中以男性为尊、为贵，占据主导地位，而女性则处于从属地位，事实上也就形成了“男主外，女主内”的规则，女性几乎不可能外出做官，从事其它职业的也很少，一般都是负责家务，所以“夫唱妇随”可以作为一个条例提出来。现在社会环境不同了，性别和职业的关系不再那么单一，这个条例也就不再有那样高的适用性了，但是，和睦仍然是每个家庭、每个社会单元所必需的，无论是夫妇还是其他关系，仍然需要寻找有效的和谐相处之道。

郝懿行，字恂九，号兰皋，山东栖霞人，清嘉庆年间进士，著名学者。郝懿行性格内敛，与常人相处经常终日不发一言，但遇到志趣相同的人一起谈论学问，则能滔滔不绝。他生活俭朴，把一生精力都耗在研读和著述之中。郝懿行的夫人名叫王照圆，也是一个聪慧有才的女子，和郝懿行小时候也是同学。相传二人新婚之夜，宾客们闹新房，躲在床外听他们的悄悄话。结果听到天亮，竟然二人都在你来我往地斗诗，兴致盎然。郝懿行是做学问的人，他担任的官职只是闲职，本来不多的薪水在买书上又用去了大半，所以生活并不宽裕。但王照圆对此并无怨言，反而大力支持丈夫的治学。夫妇二人志同道合，相互启迪，感情十分融洽，生活上是伴侣，学问上王照圆也是郝懿行的诤友，郝懿行的许多著作，都融有她的见解和心血。王照圆自己也著有《婉佺诗草》、《列女传补注》等。时人将他们与王念孙、王引之父子并称为“高邮王父子，栖霞郝夫妇”。郝懿行去世后，王照圆回归故里，整理丈夫遗书，后来陆续都得以刊印。

wài shòu fù xùn rù fèng mǔ yí

外受傅训 入奉母仪

傅指师傅、老师。“母仪”本来是一个词汇，指母亲的风范，通常用来称颂皇后品行高尚，言行优雅，有“母仪天下”的说法。这里其实就是指母亲。这两句说一个人到了一定的年龄之后，要有在家庭之外的活动了，那么一方面要接受老师的教诲，另一方面回家之后仍要维护家庭的和谐，尽心侍奉父母。家庭、事业是一组矛盾统一体，不可偏废。古代政治思想和实践中尤其注重孝道，师友的砥砺乃至国家的制度无不将孝放在首位，同时也留下了很多贤明的母亲的故事，比如孟母三迁、陶侃的母亲剪发留宾等，都说的是母亲大力支持儿子积极走上社会，接受师友的教诲，进而报效国家。家庭、社会要有一个良性的互动，不仅是古人的期望，也是现代人所必需的。

zhū gū bó shū yóu zǐ bǐ ér
诸姑伯叔 犹子比儿

这两句是罗列了一些血缘关系上比较近的亲属的称谓。以前一个家庭子女通常比较多，所以亲属关系也就比较复杂。父亲的姊妹称为姑，父亲的哥哥称为伯，父亲的弟弟称为叔。犹子和比儿从字面上说，都是“像儿子一样”，指对待兄弟的孩子要像对待自己孩子一样，不能偏心。后来，这两个词就用来专指兄弟的儿子，也就是侄子的代名词了。这些都是把一些基本的术语教给孩子，由于中国的文化中比较注重血缘，尤其是男性脉络的亲戚关系尤为要紧，反映在语言中，就是稍有差异的对象就建立一个专门的词汇，比如伯和叔，其实只是年龄排序上的不同，在英语中就统称为uncle（连姑父、舅舅也都用这一个词来表示），但汉语中就将其一一分开。现代人不是很重视宗族的礼法制度了，所以这些称谓都有所淡化，只能从长辈或书本那里去稍加了解。

《礼记》是战国至秦汉年间儒家学者解释说明经书《仪礼》的文章选集，是一部儒家思想的资料汇编。《礼记》的作者不止一人，写作时间也有先有后，其中多数篇章可能是孔子的七十二弟子及其学生们的作品，还兼收先秦的其它典籍。《礼记》全书用散文写成，一些篇章具有相当的文学价值。有的用短小生动的故事阐明某一道理，有的气势磅礴、结构谨严，有的言简意赅、意味隽永，有的擅长心理描写和刻画，书中还收有大量富有哲理的格言、警句，精辟而深刻。据传，《礼记》一书的编定是西汉学者戴德、戴圣叔侄，他们求学于经学大师后苍，各自编纂《礼记》。戴德选编的叫《大戴礼记》，戴圣选编的四十九篇本叫《小戴礼记》，我们今天也简称《礼记》。这两种书各有侧重和取舍，各有特色。《小戴礼记》到唐代被列为“九经”之一，到宋代被列入“十三经”之中，成为士人必读之书。后来，《小戴礼记》中的两篇——《大学》、《中庸》还被专门抽出来作为“四书”的组成部分，成了读书人的必修教材。戴氏叔侄也因为同时著书传世而千古留名。

kǒng huái xiōng dì tóng qì lián zhī
孔怀兄弟 同气连枝

“兄弟孔怀”是《诗经》里的句子，孔有“很”的意思，怀是思念、想念的意思。后来人们也用“孔怀”二字指代兄弟。同为父母所生，兄弟犹如一棵树上的两根枝条，这是人们质朴而直观的联想。从前兄弟三人分家，各项资产都商议定了，还剩门前一棵紫荆树的归属争执不休，最后认定一分为三，各拿一份。次日清晨起来一看，紫荆树居然自己枯死了。兄弟三人由此感悟，草木都有灵性，不愿离析分散，人又怎能不顾兄弟之情？于是三人重新执手，不再分家。过去，这类劝善劝和的故事很多。现代人多独生子女，城市化的生活和过去的农业社会又有很大的不同，所以对于这种情感很难有切身的体会。然而，兄弟之间的血脉亲情是传统伦理道德中的一个重要内容，这是我们必须了解的。

著名的史籍《汉书》的作者署名是汉朝的班固，但事实上这部巨著浸透了班家一家人的心血。班固的父亲班彪喜欢研究历史学，他根据司马迁的《史记》的体例写了几十篇《史记后传》，但是没有写完就去世了。班固带着母亲和弟妹回到家乡，他不仅想完成父亲未了的心愿，还萌生了进一步为整个西汉王朝修纂一部史书的念头。然而，正当班固潜心著述的时候，他的行动却被人告发了。原来，古代的国史是由专门的史官负责的，私人修史是不允许的，结果班固被抓进了监狱。只有十几岁的弟弟班超生怕哥哥在衙门难以辩解，直接进京上书皇帝，阐述父兄著史的用意和成果。汉明帝问清了情况，又看了班固的稿子，感到十分满意，不仅下令释放了班固，还封他为兰台令史，使他的工作合法化。此后，班超为了让哥哥安心著史，还违心地找了份抄写公文的工作来补贴家用。班固去世后，妹妹班昭又继续写了一些哥哥未完成的部分。这样，才有了今天我们看到的《汉书》。

jiāo yǒu tóu fèn qiē mó zhēn guī

交友投分 切磨箴规

投分，就是情意相合的意思，所以与人确定朋友关系也称为投分。切磨是指互相切磋讨论，箴规是指互相批评劝告。这里是说到另一种人际关系——朋友。交朋友要交有益的朋友，能够对自己的品行修养有所帮助的朋友。朋友是人际关系中自由度最大的一种组合，不像父母兄弟那样无可选择。人们结为朋友，往往是利益和情感的综合因素所致，事实上，任何被认为伟大崇高的友谊都不可能没有利益在其中，所以人们讨论友情时，一般强调的是关注精神利益还是物质利益。至于纯粹的情感式的朋友之义就更难有一致的认同，这些都是由不同性格的人在各自的生活环境中去创建的。至此，旧时所谓的“五伦”：君臣、父子、夫妇、兄弟、朋友都说到了。

rén cí yǐn cè zào cì fú lí
仁慈隐恻 造次弗离

古人说的德，有五个方面：仁、义、礼、智、信，也就是上文说的“五常”，以下是关于这五方面的具体说明。五德中仁最重要，仁慈，大致相当于今天我们常说的爱心；隐恻，大致相当于我们今天说的同情心。二者意思很接近。造次，是匆忙、仓促的意思。人要有一颗充满仁爱和同情的善心，即便是遇到紧急匆忙的情况也不能舍弃。品德的各个方面是相辅相成的，但总的来说，跟个人的、小团体的利益是矛盾的。美德的基本表现是对他人的爱和付出，不仅是物质上的施舍，更重要的是精神上的襄助。所以，仁被认为是最重要的品德，但仁又不是能凭空地体现在一个人身上的，在现实中有着更复杂的因素牵制。在平时，我们能做的只是在种种念头之间选择更加平和、善良的，如能坚持这样，也算是慢慢接近仁了。

jié yì lián tuì diān pèi fěi kuī

节义廉退 颠沛匪亏

节，是说人的气节，做人要有坚守的原则；义，是说正义，要符合道德标准；廉，有正直的意思，也有谦逊的意思，还有常用的不贪污的意思，都是美好的品行，放在这里都适用；退，是谦逊、退让，不与人发生无谓的争执。这些品德，即便在颠沛流离的逆境之中也不能有所缺损。匪，同非，否定词。与仁慈不同的是，节义是有立场的，你的出身、国籍和所处的社会环境等许多因素会对节义的具体定义有所约束。比如在战争环境中，双方阵营可能各有一套完全相反的节义观。关于品德操守的很多通常概念仅仅停留在口头上是不够的，人常常会遇到没有现成答案的是非选择，必须在现实生活中不断琢磨，不断学习思考，才能找到做人做事真正的正确方向。

xìng jìng qíng yì　xīn dòng shén pí

性静情逸　心动神疲

品德修养的大方向是平静安逸，品行不端的人总是忙忙碌碌地打小算盘，最终把自己搞得身心疲惫，当然就谈不上成就什么大事业了。不过，动和静本身只是事物的两种基本状态，没有好坏之分。中国的先哲更多地倾向于安详淡泊的人生态度，就算是对那些成功的伟人，如果是竭尽全力地追逐权力或利益的，其评价常常也是有所保留的。而对于个人来说，动和静更是跟年龄、性格、环境有着各种各样的联系，越发不能一概而论。少年人一般活泼好动的更多，所以传统教育中常常侧重强调要庄重严肃，这样的教育主张是否合理可以探讨，但少年人主动去尝试、体会一下“静”能给自己带来什么样的好处，这总是需要的。

shǒu zhēn zhì mǎn zhú wù yì yí
守真志满 逐物意移

真，指人的本性。其实人的本性都是与生俱来的，生于这个世界之上，难免会受到外界的诱惑，看到好吃的、好玩的种种琳琅满目的外界物质，不免就会去追逐、去攫取，于是人心就逐渐变得贪婪、罪恶。所以，所谓品德修养其实就是守住自己的本性，拒绝外界的干扰诱惑，使自己的心志保持在一个满足的状态之中。这里的“志”和“意”可以看作是同义词，志满，也就是我们平时说的志得意满。这八个字是在提醒我们：不要把“志得意满”看得太简单，只有那些来自内心深处精神世界的满足才可能是长久的。反之，吃一顿美餐、发一笔小财带来的所谓“满足”，其实只能叫做“意移”——它带来的快乐会很快消失，并促使你去追求下一个类似的目标。

北宋的亡国皇帝宋徽宗赵佶是一个地道的追求不当的人，他擅长书画，喜欢奇花异石，又沉缅酒色。更不幸的是这样一个他又做了皇帝，玩物丧志不仅造成了他个人的悲剧，也给国家带来了灾难。徽宗在江南专门设立机构搜罗奇石，用船只运往首都开封；又造了一个十余里的大号假山，在上面修了亭台楼阁，养了许多珍禽异兽；他主持编修了《宣和书谱》、《宣和画谱》等大型艺术丛书，他本人的书画技艺也确实是一流的；身为皇帝，宫中的三宫六院尚嫌不足，还偷偷潜出宫外与名妓李师师幽会。他的精力、财力都花在了这些全然和治理国家无关的地方，以至于北宋政权不可挽回地腐败、退化，最后，一个有着两百多年历史并代表当时的先进文化和科技的王朝竟然被刚刚从原始游牧部落走出来的女真人彻底击败，而且前后只花了十多年时间，赵佶和儿子赵桓也作为俘虏被金人活捉送到了北方，最后双双死在那里，成了中国历史上最不体面的皇帝。

jiān chí yǎ cāo hào jué zì mí
坚持雅操 好爵自縻

雅操，高尚的操守。縻本来指绳索，这里当捆扎的意思。如果一个人一直坚守道德标准，严格要求自己的一言一行，那么高官厚禄不用你去追求，它自己就会像绳索一样“缠”上你的，所谓水到渠成。这话今天看上去有点像是粗鄙的利诱，但古代社会的情况确实如此，所有人分为两个阶层，官和民。不论你以何种职业谋生，包括服役的士兵和衙门的差役，都是民，所以简单地变换职业算不上什么人生追求，因为没有改变自身所处的阶层。那么，要做官需要什么条件呢？道德和学问。无论科举产生之前还是之后，这两条标准始终没有变过，这两句话在古代也就没有任何问题了。现代社会变得更加多元化，做官不再是人们向上追求的唯一目标了。但是无论社会形态如何变化，高尚的道德情怀仍是个人事业成功的基石。

范仲淹，北宋著名政治家，苏州吴县人。他一生中曾经三次被贬官，都是因为他上书言事。第一次是因为违逆了章献太后的旨意；第二次是他带领百官劝阻仁宗皇帝不要废郭皇后；第三次是他因为广开用人之路，引荐了不少贤才，因而触怒了宰相吕夷简。后来，范仲淹的人品和才能为更多的人所了解，又重新被起用。有一次，海盗张海到了高邮，知军晁仲约用酒肉加以款待，于是张海就没有在当地骚扰。事情传到朝中，大家议论纷纷，都主张要严惩晁仲约，唯独范仲淹说："太祖以来不轻易杀臣下的规矩不能破坏。"后来执政的富弼私下斥骂："不轻易杀人，你想成佛啊？"范仲淹道："当今陛下年轻气盛，你们现在教他杀人，若是杀惯了就该轮到我们了。"听了这半开玩笑的话，老练的政治家富弼立刻明白了范仲淹引导皇帝做仁义之君的深意。正是这样的远见和恒定的志向、高尚的品德，使范仲淹三次罢官而不气馁，最终成为北宋最受人尊敬的政治家。后来无论百姓还是王公，对他都决无异词。

dū yì huá xià dōng xī èr jīng
都邑华夏 东西二京

以下开始说各种常识，先从国家开始。都邑，指城市，特指京城。华夏，原指中原地区，后来泛指中国。古代人口少，开发能力和技术也有限，城市化程度很低，作为政治中心的都城往往就显得十分出众。我们中国古代有两个著名的京城，一个是长安，就是现在的西安，西周、西汉等都在此建都，也称西京；另一个是洛阳，东周、东汉等都在此建都，也叫东京。另一个可以与它们媲美的传统古都就是现在的南京。至于现在的首都北京，是从元朝开始连续做了好几百年的首都，只在其间有一小部分时段是定都南京的。东汉的班固写过《两都赋》，张衡写过《二京赋》，都是描写长安和洛阳的，如果让现代人猜测，恐怕首先想到的就是北京和南京了，这是古今城市变迁的结果。

bèi máng miàn luò fú wèi jù jīng

背邙面洛 浮渭据泾

邙是山的名字，也叫北邙山，在洛阳城北，洛阳是黄河南岸的城市，邙山则在黄河与洛阳之间，当洛阳作为都城的时候，邙山和黄河都是重要的军事屏障。洛是河的名字，在洛阳城南流过。习惯上，我们称北为后，称南为前，因为我国处在北半球，南面向阳，从采光角度考虑，城市和住宅都是坐北朝南，所以，洛阳城是“背邙面洛”，而洛阳也是因此得名。山是凸出地表的，所以山南受阳，水是凹陷的，所以北岸受阳，因此古代习惯称山南水北为阳，反之，山北水南为阴。洛阳在洛水之北，故名。渭、泾两条河流都在长安城的北面，泾河浊而渭河清，两条河流有交汇，但清浊明显，所以有“泾渭分明”的成语。“浮”和“据”是为了用不重复的字而另选的描写性词语，但不如“背”和“面”那样确切。

gōng diàn pán yù lóu guàn fēi jīng
宫殿盘郁 楼观飞惊

这两句是描写建筑物的。古代建筑技术有限，大抵都是土木结构，无法建造今天这样的高楼大厦，在民间，高度超过十米的，就已经属于十分宏伟的建筑物了，代表最高水准的皇家建筑一般也就三四十米。于是，要谈古代建筑，宫、殿、楼、观这些高大的建筑物自然是首选，而最好的建筑物当然也是聚集在首都，特别是皇城中的，所以顺着东西二京说下来就十分自然了。盘郁是形容建筑物的曲折繁复，飞惊形容建筑物的高耸突兀。因为古代的建筑师在高度的追求上有所限制，所以平面上的构思显得更为重要，现在还保留下来的大量园林建筑就是用楼台、屋舍、回廊、假山、树木等元素构建富于美感又适宜人居的优美环境。当然，在古代，这些都是奢侈品，普通的民居还是遮风挡雨为主的，相对要简陋得多。

tú xiě qín shòu huà cǎi xiān líng
图写禽兽 画彩仙灵

除了外观，古代建筑师在内饰上也是更下功夫的，宫殿之类的高档建筑物中通常都有精致的美术装饰，有雕画飞禽走兽的，也有用神仙图案装点的，而且这种艺术装点经常是随处可见的，所以有雕梁画栋的成语。古人多把建筑物看成是宇宙自然的缩微版，宇、宙和家、室一样都是宀的。在设计建造时，天覆地载、天圆地方的理念更多地付诸硬件设施去表现，而软装潢则着意于刻画自然的草木鸟兽，这个方面现代建筑是难以与之比拟的。我们现在去观赏一些古代建筑，每每会在意想不到的细微处发现精巧的图案或绘画。至于皇家多用龙凤图案，寺观多用菩萨神仙，那是别有特定的宣传用意。图、写、画在这里是同义词，都是画的意思。彩，是说古代建筑装饰多用各种颜料绘成彩图，这些颜料多数取自天然矿物，也有取自动植物的，都是古人经过长期实践摸索，能够历久如新的，所以我们今天还能看到许多古老的壁画，经历了千百年风风雨雨仍然清晰可辨，近几百年的更可谓色彩逼真。

丙舍傍启　甲帐对楹

bǐng shè bàng qǐ　jiǎ zhàng duì yíng

宫殿正室居中，两边的房屋按甲乙丙丁排列，所以，第三位的称为丙舍，这最早是出自东汉时候宫廷中的设置，后来人们也用“丙舍”泛指正室边上的偏房或一般的简陋房屋。因为丙舍并不居中而在旁边，就称为“傍启”。另外，丙舍还可以指代墓地中的房屋，这是跟风水理论有关的术语，不是这里要表达的意思。甲帐是传说汉武帝造的帐幕，他搜集了很多珠玉宝石，造了最奢华的帐幕，称为甲帐，留给神仙住。又造了次一级的乙帐，自己住。楹是殿堂的柱子，过去对联都贴在门口两根楹柱上，所以也叫楹联。至于这里“对楹”二字，由于我们无法看到汉武帝时代的宫中布置，所以很难确定具体语意。甲帐究竟是帷帐还是帐篷都不知道，但终究是可以住人的，无论“对楹”理解为对着宫殿的楹柱还是这个甲帐自带一对楹柱，都将是很奇怪的场景。过去人们用词注重古雅，有来历便可以入诗文，甲帐、丙舍又能构成很好的干支对仗，至于它们到底是什么样的东西未必有确切的定义，泛指房舍和帐幕罢了。

sì yán shè xí gǔ sè chuī shēng

肆筵设席 鼓瑟吹笙

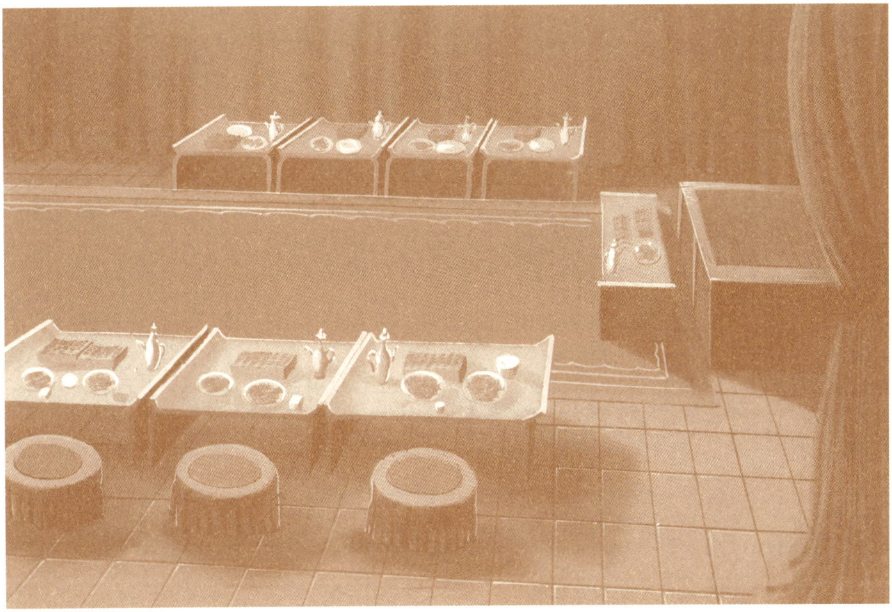

肆，陈设；筵，筵席。肆筵、设席都是指摆设酒宴的意思。大堂之上摆设酒宴招待客人，则少不了要有音乐。瑟，是如琴一般的弦乐器，因弦数的不同分为很多制式，演奏瑟的动词是“鼓”。笙则是一种吹奏乐器，由长短不同的一组竹管组成，外形跟竽非常接近，内藏簧片，外有按孔，吹吸震动簧片的同时用手指按孔控制音调。古代贵族举行重要仪式时它们都是重要的合奏乐器。这两句分别出自《诗经》中的《行苇》和《鹿鸣》，二者本没有什么直接关系，但这里顺着宫殿华美说下来，进而联想到宫殿中的经常性活动——饮宴，于是巧妙地嵌入了这两句成诗，最为难得的是这两句诗竟是浑然天成的对仗，又正好符合这一段的韵脚，种种因素，使得这两句成为《千字文》编排中的一个亮点。

shēng jiē nà bì　biàn zhuǎn yí xīng
升阶纳陛　弁转疑星

殿堂一般都高出地面，所以从外面进来都要经过台阶向上走。升阶、纳陛都是说的这个动作。不过，阶、陛是同义词，纳却没有登上、升上的意思。纳陛，是古代的九锡之一，九锡就是皇帝对王公大臣最高级别的赏赐，大抵是九种别人不能享有的仪仗服饰。至于这个纳陛究竟是怎么回事，古人也有不同的解释，但都是和觐见皇帝时候上台阶有关的。弁是古代的一种帽子，本是正规礼服中的组成部分，穿着搭配都有完整的制度，后来逐渐含糊，和冠、冕等就当同义词用了，现代人更是只用“帽子”一词统称。转是移动的意思。这两句是接上面说宾客纷纷来到宽敞的宫殿来赴宴，大家沿着台阶往上走，光看这些人的帽子就像天上的星斗在移动。从这个场面不难想见台阶有多宽、宫殿有多大了。

yòu tōng guǎng nèi zuǒ dá chéng míng

右通广内 左达承明

汉初长安城有两大皇家宫殿群，西南角的未央宫是君臣办公的地点，宫内有许多独立的建筑称为殿，其中之一叫做承明殿，也经常用于处理政务、召开会议。班固《西都赋》说“承明金马，著作之庭”，所以一般认为承明殿犹如后来的秘书监，专门处理文献典籍相关的事务。汉代文献中提及的皇家书库名称很多，广内是其中之一，其他还有石渠、天禄等，后人诗文中常用这些旧称来指代各种公私藏书之所。古代的地图表示的方位和我们今天正好相反，左东右西，不过，这里的描述很可能是虚写，至少现存的文献资料只能提供一些汉代的皇家建筑的名称，实物早就无法看到，广内、承明到底是什么性质只能通过一些零星的描述去推断，它们的空间位置关系更不得而知。这两句是起到一个承上启下的作用：夸张地描述宫殿之大，连通了广内、承明两个相距很远的建筑；同时，又由这两个与文化、著述有关的建筑引到下面说皇家的藏书和文献。

jì jí fén diǎn yì jù qún yīng
既集《坟》《典》 亦聚群英

坟，《三坟》；典，《五典》。二者分别是传说中记述三皇、五帝事迹的古书，内容早已失传，只留下名目。后来人们用“坟典”泛指古书。群英就是众多有才能的人物。这是延续上文，说宫殿内既保存着很多文献，又聚集了不少人才。先秦时候，书籍制作十分困难，文化只掌握在极少数人手中，政府中设有专门的机构和人员掌管文献、进行学术研究和记录当时事实等工作，后来称之为王官学。随着时间推移，民间学术不断兴起，就有了所谓百家言。到了后来，百姓读书识字甚至成为大学者都是常有的事，也就不再强调王官和百家的区分了。历代政府仍然有主管图书和文化事务的机构和人员，只是不像早期的时候那样具有垄断色彩了。

dù gǎo zhōng lì　qī shū bì jīng
杜稿钟隶　漆书壁经

汉人杜度擅长用草书写文稿，所以后来也称草书为“杜稿”。三国的钟繇也以善书著称，他的隶书被称为神品。这两位都是早期书法家的代表，时代在王羲之之前。汉以前没有纸墨，用漆在竹简上写字，所以上古的文献也称漆书。秦始皇收缴民间图书，焚书坑儒，使先秦的古书损失不少，儒家典籍更是遭受重灾。很快，秦王朝被农民起义军推翻，项羽在打进咸阳之后下令放火焚烧，所以秦朝官方的藏书也损失殆尽。直到后来汉朝鲁恭王在清理孔子旧宅的时候，在墙壁的夹层里发现了不少儒家经书，后人称之为“壁经”，这一重大发现使很大一批儒家经典失而复得。这里罗列了各种古书文献特殊品种，意思是有珍贵的手稿，也有罕见的远古原件，用来描写宫殿里收藏丰富。

府罗将相 路侠槐卿

fǔ luó jiàng xiàng lù jiā huái qīng

以下是借上文“群英”二字发挥，描述功劳大、权力重的贵族所受的待遇和历史上有名望的人物。古代握有重权的文臣统称相，武臣统称将，具体的名目则有三槐、九卿等，都是指高官。三槐是一个典故，据说周朝宫廷外有三棵大槐树，当时王朝中最高级别的官员是太师、太傅、太保，合称三公。三公上朝参拜的时候正好分别面对三棵槐树，于是后来就以三槐指代三公。九卿则是政府各部门主管官员的合称，因为周朝开始就有九卿，所以后来历朝也都沿袭这个习惯，将九种官职合称为九卿，只是具体名称和司职各有不同。罗是罗列，侠同夹。两句总的意思是说不管府宅之中还是街路之上都聚集了很多的高级的文臣武将，这是一个总叙，以下分别描写各种王公贵族的生活情态和建功立业的事迹。

hù fēng bā xiàn jiā jǐ qiān bīng

户封八县 家给千兵

古时候帝王给臣子的赏赐是封地，一片土地的封赏就包括了土地上的人民，受封者有权收缴土地上人民的部分生产所得供自己享用。而功劳越大的大臣，受到封赏的土地数量越多、质量越高。东汉初年，跟随光武帝刘秀打天下的名臣中有个寇恂，因为功劳很大，不仅自己被封为万户侯，家族中兄弟、侄子、外甥因军功被封为列侯的共出了八位，由此留下了户封八县的美谈。同时，家大业大的贵族之家也允许保持一定量的私人武装用于自卫。东汉以后，史书上关于家兵的记载就屡见不鲜，尤其在战乱时候，贵族率领家兵参与战争是常有的事，而且家兵数量成百上千也不罕见。曹操创业初期，他的本家兄弟曹洪就出了一千多家兵作为最早的军力资本。虽说家给千兵也是大户人家的景象，但比户封八县要常见得多。

gāo guān péi niǎn qū gǔ zhèn yīng

高冠陪辇 驱毂振缨

冠是帽子，和前面提到的弁一样，是官员礼服的一个组成部分。辇本来专指人力车，或者类似轿子的人力代步工具，后来专门用来表示皇帝乘的车子。毂本来是指车轮的中心部位，也经常用来指代车轮或车子。同样地，缨是系冠的带子，也经常当做冠的同义词用。所以，冠带、簪缨、冠冕这些词都是指代贵族的。振缨的字面意思就是拂拭整理冠缨，但这个词汇很有意思，一种是说整理冠缨为了准备出来做官，另一种正好相反，表示清理冠缨之后藏好准备隐退，很显然，现在用的是前一种意思。这两句说贵族头戴高冠，清理装束，乘着车子陪同皇帝出行，是一种身份和荣耀的表现。

shì lù chǐ fù　chē jià féi qīng
世禄侈富　车驾肥轻

世禄是贵族传袭的制度，就是说封地、俸禄等各种待遇可以父子代代相传。驾，拉车的马。地位越高的贵族，其待遇也越是奢侈豪富，轻车肥马，锦衣玉食。在普通人的眼里，所谓世袭就是不需要个人的奋斗和机遇就可以靠着祖上的传承而得到锦衣玉食的物质生活，在现实中，这是很不靠谱的奢望。除了皇帝，一般世袭的只是爵位而不是职务，而且爵位世袭在制度上本来就分档次，高档的叫世袭罔替，理论上可以无限传承下去，低档的，次数有限并且每传袭一次就要降一等。对于第一代的王侯将相来说，世袭更多的是一种荣誉，是自身爵位的一个附加值。他们的子孙往往会因为生活安逸而退化，或者卷入政治斗争而成为牺牲品，若非跟皇帝有血缘关系的，能把爵位保有两三代就很不错了。

cè gōng mào shí lè bēi kè míng
策功茂实 勒碑刻铭

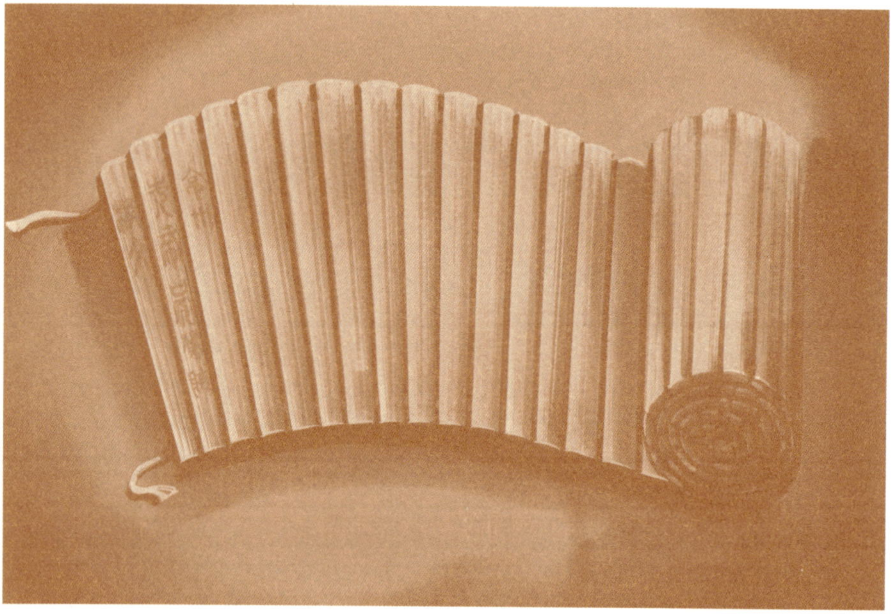

古代的书简也叫策，策功就是把功劳记在策上。茂实本来是形容植物茂盛，果实累累，后来引申为说人功勋卓著。勒和刻是同义词，古人经常把显赫的功劳写成押韵的文章铭刻在石头上，希望能让子子孙孙永远看到。下面开始说各种大人物建立的功业。由于制度方面的原因，汉朝之前的国家政权基本都由贵族把持，从平民变成贵族除了能力还需要机遇，而最好的机遇莫过于大规模、甚至是改朝换代的战争。因为在这种时代，所谓的功勋十分直观，如果能一直干得很出色，获得高官厚禄应该没有什么困难。和平时期的工作相对来说是非功过就比较模糊，要出人头地也更难，所以自古就有“投笔从戎”这样的典故，认为做些简单的文书工作是没出息，男子汉大丈夫应该到前线厮杀才是宏大的抱负。

窦宪是东汉初年的人，因为他妹妹被立为皇后，他也就得到了官职。但窦宪恃宠欺人，做得很过分，名声不好，虽然大权在握，却得罪不少人。在那个时代，很多皇亲国戚就是这样得到富贵之后又成为众矢之的。后来，窦宪闯了祸，为了保全自己，他主动请求领兵出击匈奴。不管是不是被逼出来的，反正窦宪选择了一个能向所有人证明自己的做法。当时匈奴分南北两部，南匈奴亲汉，北匈奴反汉，而当时正好是南匈奴请求汉朝出兵讨伐北匈奴。于是朝廷便任命窦宪为车骑将军，以执金吾耿秉为副，发兵出塞。第二年，窦宪与耿秉各率四千骑兵与南匈奴人马会师，与北匈奴在稽落山作战，大破敌军。窦宪、耿秉登上燕然山（今蒙古境内杭爱山），在石头上刻下了战斗胜利的铭文，用来宣扬大汉的威德。领兵远征是九死一生的事情，窦宪成功了，勒碑刻铭，建功立业。唯一遗憾的是，他最终还是老毛病不改，继续飞扬跋扈，最终落了一个被迫自杀的下场。

pán xī yī yǐn

磻溪伊尹

在今天陕西宝鸡东南有一个叫磻溪的地方，就是传说中的“姜太公钓鱼”的地方。姜太公就是西周的开国功臣姜尚，也叫吕望，是个很有才能的人，但一直没有得到赏识，直到八十岁的时候还在磻溪钓鱼，而且据说他钓鱼并不是为了吃鱼或卖鱼，而是在等待赏识他的明主，所以他的鱼钩是直的，以此来吸引别人的注意。后来，周文王来寻访姜尚，并且委以重任。文王去世，将儿子武王托付给姜尚为首的一班重臣，最终推翻了商王朝的统治，姜尚在其中居功至伟。周王朝建立后，姜尚封地在齐，成为春秋战国时齐国的首任国君。这一句不得不提一下，伊尹是属于下一句的人，不是姜尚，和磻溪也没有关系，严格地说，这是一句不伦不类的病句，当然，造成这个毛病的原因也是周兴嗣做的题目太难了，为了凑字句难免会出些问题。

zuǒ shí ē héng

佐时阿衡

伊尹是商代初年的名臣。阿衡是商代的官名，就是王子的老师，伊尹是做过这个官的名人，所以后来也用阿衡来指伊尹这个人。伊尹一开始是个奴隶，传说他的厨艺非常精湛，曾经为商王成汤打点祭祀的烹饪事务，借机跟商汤大谈了一通烹饪学的道理，由此成汤发现他很有才能，所谈看似烹调的主题，其中却蕴含着更深刻的治国平天下的思想。于是把他提拔起来作了助手，经过大量政治、军事方面的准备工作后，最终一举消灭了昏庸残暴的夏桀，建立了商朝。成汤死后，伊尹又继续辅佐成汤的儿子外丙、中壬和孙子太甲。太甲即位后随意破坏成汤定下的规矩，不理朝政，被伊尹囚禁了三年，悔过自新之后才把政权还给他。伊尹不愧为是辅佐了一个时代的优秀大臣。

yǎn zhái qū fù wēi dàn shú yíng
奄宅曲阜 微旦孰营

奄是取的意思，宅是居的意思。两个字连起来通常用来表示帝王开基立业，在某地定都或统治某一个区域。曲阜是地名，在今山东省，周朝鲁国的都城，是周武王给弟弟周公旦的封地，也是后来孔子的故乡。微是表示否定的词，相当于无或非。这句说取曲阜为居住的地方，不是周公旦又有谁来营建呢？为了凑字数，所以用了一个反问句。但事实上周公旦本人只是在名义上受封为鲁公，却并没有像其他受封者一样去封地管理建设，他留在了周王朝中央政府工作，派到曲阜去主政的是他的长子伯禽，所以，尽管周公庙至今仍在曲阜，但鲁国的第一任国君却是伯禽。相传他在鲁国经营了三年之后才到中央政府向父亲汇报工作，周公旦并不是曲阜的直接建设者。

huángōngkuāng hé jì ruò fú qīng

桓公匡合 济弱扶倾

春秋战国时有许多大大小小的诸侯国，为了利益彼此征战不断。齐国在姜尚受封之初就是一个大诸侯国，到了齐桓公执政时在政治、军事、经济各方面逐渐强盛，成为诸侯国中的领袖。齐桓公启用管仲等一批人才，治理内政，发展军事力量，特别注重合理运用政治外交手段，多次集合各诸侯制定章程和盟约，号召“尊王攘夷”，阻止狄族进攻中原，帮助弱小的诸侯国解决各种困难。特别是深受狄、戎威胁的小国邢、卫、燕等，齐桓公都给以实质性的支持，而对于楚国这样不把周天子放在眼里的强势诸侯国，齐桓公的征讨也是不遗余力的。这一系列堪称义举的作为，对当时的“国际”秩序起到了匡正的作用，让齐国同时获得了很多领土上的利益，齐桓公也因此成为历史上著名的政治家。春秋时期有五位像这样成为诸侯国盟主的国君，史称“春秋五霸”，齐桓公正是五霸之首。春秋时期的霸主，权力都明显大于当时所谓的天下共主周天子，所以也被很多人认为是个人事业功绩的最高标准，不过正统的儒家学者却认为他们的做法不符合道义，是持否定态度的。

qǐ huí hàn huì
绮回汉惠

汉高祖刘邦是汉朝的开国皇帝，他的儿子刘盈被立为皇太子。但是随着刘盈渐渐长大，刘邦发现这个孩子太文静，缺少明主的霸气，所以想改立别的儿子为太子。这一来，做母亲的吕后着急了，就找刘邦手下的著名谋臣张良想办法。张良既不想介入皇帝的家务事，又不敢得罪吕后，所以出了一个非常隐蔽的主意，让吕后给太子请来了“商山四皓”做随从。这是四个八十多岁的老隐士，刘邦非常敬重他们，但没能把他们请出山。当刘邦看到四个老人追随太子左右出现在公共场合，他很惊讶，感到太子真的成熟了，于是就放弃了换太子的想法。刘盈也在后来如愿以偿地做了汉朝的第二个皇帝，就是汉惠帝。四皓中有一位名叫绮里季，这里用他名字中的一个字来指代四个人，是他们找回了汉惠帝差点失去的皇位。

yuè gǎn wǔ dīng

说感武丁

商朝的另一个奴隶出身的著名大臣叫傅说。当时是商朝的中期，国君名叫武丁。有一天，武丁梦见天神赐给自己一个贤人，名叫说——那个时代，普通人没有什么姓和名，常常是一个字的代号。武丁醒来，马上叫来画师，照他梦见的样子画了像，并派人四处寻访。终于，在傅岩这个地方的筑墙奴隶中发现了说，长得很像画像上的样子。这个奴隶被带到武丁那里，武丁一眼认出这就是梦中的贤人，于是很高兴地和他谈起治理国家的各种问题。相传现存《尚书》中的《说命》就是他们二人当时的谈话记录。后来，说被任命为宰相，成了贵族，因为他在傅岩被发现的，武丁同时赐他姓傅。在君臣的共同努力下，本来开始败落的商朝重新焕发了生机。这里的“感”是指梦中感应的意思。

jùn yì mì wù　duō shì shí níng
俊乂密勿　多士寔宁

俊乂，才能出众的人，这是见于《尚书》的一个古老词汇，后来学者有不同的解释，有一种说法是：千里挑一的人才称俊，百里挑一的人才称乂。密勿是一个连绵词，表示努力、尽力的意思，后来通行的文言文里多写成黾勉。士，有学问、有能力的人。《诗经·大雅·文王》有诗句说“济济多士，文王以宁”，这里把两句压缩成一句，寔是一个表示肯定的虚词，起到一个连接作用。很多才能出众的人一起努力工作，这样，国家才能够安宁太平。这是在上文提到许多古代明君贤臣之后做出的一个总结，一方面是归纳了历史的经验，一个兴旺繁荣的社会不可能只靠一两个人去建设；另一方面，也是启蒙教材对儿童的一种鼓励，让他们知道只要学有所成，那么一定会有施展才能的机会，未来的美好社会需要众多的人才。

jìn chǔ gēng bà　zhào wèi kùn héng
晋楚更霸　赵魏困横

接下来开始说一些历史事件。周朝的前半期定都在现在的西安一带，称西周。后半期迁都现在的洛阳，称东周。但后来人们更多地不直接称呼东周时代，而是将它一分为二，前半期称春秋，后半期称战国，整个东周就叫做春秋战国时期。春秋时期共有五位著名的霸主，除了前面说到的齐桓公，后来又有晋文公、秦穆公、宋襄公、楚庄王，他们凭借自己的实力，先后称霸，在当时的诸侯国之间以老大的身份处理各种事务。更，就是轮流的意思。赵和魏是战国时期的两个诸侯国，它们和韩国是由春秋时候的晋国分裂而来。战国时期主要的大国有七个，史称战国七雄，其中秦国最为强大。当时有两个著名的活动家在七国之间靠奔走游说玩着政治游戏。一个叫苏秦，他的主张是合纵，就是六国联合起来对抗秦国；另一个叫张仪，他的主张是连横，就是六国共同事奉秦国。两人都是一流的宣传家，赵、魏等六国被这两个人弄得无所适从，非常窘困。最终，六国都被秦消灭，秦始皇统一天下。

jiǎ tú miè guó　jiàn tǔ huì méng
假途灭虢　践土会盟

假，借；途，道路。春秋时候，晋献公要吞并弱小的虢国，但中间隔着一个虞国，两个虽说都是小国，晋国也不敢贸然以一敌二。于是晋献公给虞国的国君送去美玉宝马请求借一条路，虞国的贤臣宫之奇看破了晋国的阴谋，极力劝说，分析虞、虢两国互相依存的关系，留下了“唇亡齿寒”的经典比喻。但虞国国君经不起财宝的诱惑，答应了请求。结果，晋国消灭了虢国之后，回来的路上顺手把虞国也消灭了。践土是地名，晋文公曾讨伐楚国，得胜后在这个地方与诸侯集会盟誓。这两件事情都是晋国的事，一个是用武力加欺骗的手段征服别国，另一个是在武力保障的前提下合理利用外交手段打压异己，争取自身利益。这两件事差不多可以看成是春秋战国时期各种大小事件的缩影。

hé zūn yuē fǎ

何遵约法

何，指萧何，汉高祖刘邦手下的重臣。推翻秦朝之后，刘邦为了稳定社会秩序，对刚刚从残暴的高压统治下走出来的老百姓施行宽松的管理：杀人偿命，伤人和偷盗要接受惩罚，除此之外一律不管。这就是所谓的约法三章，这个做法在秦汉政权更替的阶段，起到了安定百姓、恢复经济、抚平战乱创伤的作用。后来刘邦坐定了天下，社会各方面也逐渐走上正轨，民事、刑事问题开始不断出现，这种过于宽松简单的临时制度不适应社会的需求了，于是刘邦手下的大臣萧何就根据约法三章的基本精神，在秦律的框架基础上进一步制定了汉朝的法律用于维持社会稳定。汉律的内容早已失传，只有古代文献中零星可见的一些引用。所能确定的，是秦朝法律过于严厉繁复，汉律在指导思想上必然会拨乱反正，所以说“何遵约法”。

hán bì fán xíng
韩弊烦刑

韩非是战国时期著名的思想家，他主张用严格苛刻的法律来治国，就是所谓的“法家”。而中国传统的儒家思想主张德化，要首先用道德力量对老百姓进行教育、感化。虽说汉朝以后一直是儒家思想占主导地位，但法家的做法也曾在一些特定的历史时期起到过好的作用。但在公论上，人们一直不太接受法家思想，因为它的弊端是太麻烦，老百姓处于被动服从的状态，容易滋生许多其他的社会问题。事实上韩非的主张就是秦朝立法思想的蓝本，而秦朝消灭六国之后迅速灭亡的一个重要原因也正在于此，法家思想的认真贯彻，使秦成为一个纪律严明、办事效率极高的团体，在战争期间显示出了超强的战斗力。但到了统一天下之后，仍然执行这套严苛的制度管理民众，让百姓继续高度紧张地生活，便制造矛盾、对立乃至怨恨情绪，最终导致王朝覆灭。

qǐ jiǎn pō mù　yòng jūn zuì jīng
起翦颇牧　用军最精

白起、王翦效力于秦国，廉颇、李牧效力于赵国。赵国一度是秦国最强大的军事对手，白起曾在长平大败赵军，活埋降兵数十万，从此打破了双方的实力平衡；王翦是为秦始皇消灭六国的主要军事将领，因为功劳太大、军权太重，曾经故意拼命向秦始皇讨要田宅以示自己没有野心；廉颇是赵国的重要将领，和文臣蔺相如配合默契，有“将相和”的佳话，他作为赵国军事统帅期间，赵国是秦国最难应付的对手；李牧早期在北方驻边抗击匈奴，后来回到朝中主要负责对抗秦国，他是廉颇之后的赵军统帅，令嬴政、王翦最伤脑筋的对手，虽然当时赵军实力稍逊，但李牧的出色军事才能足以保住赵国，可惜最后赵国中了反间计，自毁长城，杀掉了他。四个人都是著名的大将，当时顶尖的军事家，所以说“用军最精”。

宣威沙漠 驰誉丹青

xuān wēi shā mò chí yù dān qīng

著名的将军能够把国威、军威宣扬到遥远的沙漠边陲。因为过去的对外战争主要是在西北地区进行的，那里历来有着很多的游牧部族和武装势力，匈奴、突厥、契丹、西夏等都一度成为中原的主要敌人，而中原王朝的实力通常无法直接控制这些地区，所以对他们的策略必须是军事打击和武力威胁相结合，进而用外交手段使之臣服。因此，成功的军事指挥官也往往可以因为远征而得到最高等的荣誉。古人对待功劳最大的功臣，除了史书记载、刻碑立传之外，还会专门造一座建筑物，请画家在其中画下他们的图像作为永久的纪念，这是古代技术条件下能做的最高奖励了。西汉有麒麟阁十一功臣，东汉有云台二十八将，唐朝有凌烟阁二十四功臣，都是此类的建筑。丹是朱砂，青是青雘，二者都是颜料，是画家所用的东西，后来就用“丹青”指代图画。也许在当时看来，宏伟的建筑让人觉得永恒，精美的图画让人感到直观，但最后，剩下的也许只有文字记载而已。

jiǔ zhōu yǔ jì bǎi jùn qín bìng
九州禹迹 百郡秦并

以下是一些地理知识。相传黄帝的时候，分天下为九州，到了虞舜时候又分为十二州。大禹治水，足迹遍布全国，重新恢复了九州的划分：冀、兖、青、徐、扬、荆、豫、梁、雍。九州的各自名称，在古籍上的记载小有出入，但主要的几个州名我们今天还能够辨识，是自古沿袭至今的。而在诗文中，人们也更喜欢用九州来指代整个中国。先秦时候，天下管理制度与后来不同，土地是分封给诸侯的，地域单位有郡有县，先是县大郡小，到了战国变成郡大县小了，但都是各自相对独立，并非全由中央政府领导，各诸侯国都有自己的郡县。到秦朝统一，开始施行中央集权，重新把天下分为三十六个郡。再后来到了汉朝，又恢复成一百多个郡了。

在地方行政职能上郡县相辖的政治体制，是从秦代开始确立的。然而春秋时代的晋国就有了郡县，当时的诸侯国不断兼并，如楚国就有把吞并的邻国设置为县的。当时的县主要是负责管理、保护已得的土地。后来战争逐渐升级，县的军事能力已经不足以保护地方，于是就出现了郡。郡的最初意思应是直属于国君的邑，在职能上侧重于军事方面的考虑，它负责把若干县的军事力量整合起来进行更有效的进攻和防御。到了秦汉以后，天下归一，郡县制也日趋成熟，功能上转向行政管理，各级地方长官由中央统一委派，掌管治安、刑讼及赋敛徭役等事，由此形成了中央集权的管理体制，延续两千年。后来，县的称呼一直作为行政区划的基本单位沿用至今。从西汉开始，郡县两级的行政区划体系升为州郡县三级，州和郡两级的称呼历代多有不同，现在演变为省（自治区、直辖市）、市、县，但这种管理模式的实质并无根本性变化。

yuè zōng tài dài shàn zhǔ yún tíng
岳宗泰岱 禅主云亭

我国的五座名山称为五岳：东岳泰山、西岳华山、南岳衡山、北岳恒山、中岳嵩山。其中又以泰山为五岳之尊，俗语说“五岳归来不看山，泰山归来不看岳”，就是表示众山在人们心目中也有等级尊卑。泰山别名岱，古代君主注重祭祀，君主受命于天，所以祭天是必须的。祭天的专门典礼称为封，一般在泰山上进行，因为泰山最高，离天神最近。附带祭地的活动称为禅，一般安排在泰山下的一些小山上，其中有叫做云云山和亭亭山的。封禅的典礼自古就有，《史记》中专门有一篇《封禅书》记载其来龙去脉。不过按照习俗，封禅是有条件的，一定要明主在位，天下太平，出现祥瑞的征兆。所以，从秦始皇开始直到宋真宗，去泰山封禅的皇帝只有六个。后来废除了封禅，皇帝就只在天坛里祭天了。

秦始皇二十八年（公元前219年），也就是统一六国后的第三年，始皇东巡郡县，召集齐、鲁的儒生博士七十余人到泰山下，商议封禅的典礼，以表明自己当上皇帝是受命于天的。儒生们的议论各不相同，难于施行。于是他遣退了所有的儒生，借用原来秦国祭祀的礼仪封泰山、禅梁父，刻石称颂秦德——当然就是称颂自己的功德，共144个字，由丞相李斯用小篆写成。刻石是四面环刻，其颂辞刻了三面。秦二世胡亥嗣位后，又在空余的一面刻上他的诏书和从臣姓名。这块石刻在两千年的岁月中逐渐消磨损毁，历代文献中记载其可辨识字数愈晚愈少，乾隆年间因火灾完全损毁，现在仅存残石两块，共十个字。后来的汉武帝刘彻、汉光武帝刘秀、唐高宗李治、唐玄宗李隆基、宋真宗赵恒先后登泰山封禅。后来封禅废除，但皇帝仍有上泰山祭祀的，清乾隆帝弘历一生十一次到泰山，其中六次登顶。这些皇帝亲自光顾的活动，或留下文物遗迹，或留下文献记载，使泰山成为中国文化遗迹最多的名山。

yàn mén zǐ sài jī tián chì chéng
雁门紫塞 鸡田赤城

这是四个地名。雁门山在山西北部，山顶有雁门关，这里地势险要，外接少数民族的活动区域，是著名的边防要塞。秦筑长城，用来烧制城墙砖的土呈紫色，所以后来用“紫塞”指长城，也泛指边塞。鸡田，旧注说是驿名（古代供信使和官员中途休息、住宿的地方称驿），不知有什么根据；唐时有州名叫鸡田州，是唐朝初年为当时的回纥部落设立的，在今天的蒙古乌兰巴托西北，但州的设置是《千字文》作者周兴嗣死后的事情，不知州设立之前是否有此地名；又南朝梁武帝也曾提到过“鸡田”的地名，所指具体位置已不可考。赤城，山名，一在浙江天台县北；一在四川灌县西南，又名青城山。这四个地名是取其字面对仗，并没有地理位置上的联系。

kūn chí jié shí jù yě dòng tíng
昆池碣石 巨野洞庭

昆池，湖名，即云南滇池。滇池在昆明附近，所以别称昆明池，再简称昆池。然而，史书文献中常见的昆明池或昆池却不是指它。昆明，原本是西南地区的一个部族的名称，据说汉武帝时要开通中原到天竺国的通道，中间隔着一个昆明，于是汉武帝准备用武力征服它。因为昆明地盘有个滇池，所以为了训练水军，汉武帝就下令在长安城凿了一个模仿滇池的人工湖，命名为昆明池。后来唐代也定都长安，所以唐诗写到的昆池多半是指长安的那个复制品。再后来，清朝的乾隆在北京城也效法汉武帝造了一个湖，就是现在颐和园里的昆明湖。碣石，山名，在河北昌黎县北。巨野，泽名，在山东巨野县北，今已干涸。洞庭，湖名，在今湖南省北部。

kuàng yuǎn mián miǎo　yán xiù yǎo míng

旷远绵邈　岩岫杳冥

旷，空阔。绵邈，辽远的样子。岩岫，山洞。杳冥，阴暗的样子。空旷之处可以用绵邈来形容，山洞则可称为杳冥。这是总的形容以上罗列的山川名胜辽阔广大而形态各异。选取了两种景致为代表，分别给它们配上一个常用的形容词，所以这两句别无深意，只是平常作诗文时写景辞藻的罗列。绵邈是一个连绵词，这种词汇的特点是只有两字放在一起才有特定的意义，无法拆开解释，两字或是双声（声母相同）或是叠韵（韵母相同）。在景物描写的词汇中连绵词数量较多，巍峨、浩渺、崎岖、蜿蜒等都是，意义也比较模糊，只有大致的用法而已。杳冥一词则既非双声，也非叠韵，在这个词中两个字可以分别解释，都是幽暗不明的意思，所以它只是一个普通的并列结构的词语。

zhì běn yú nóng wù zī jià sè

治本于农 务兹稼穑

以下杂说生活中的各种常识。中国是一个农业国，手工业、畜牧业、商业等都是附属产业，历来强调农耕是治理生计的根本，小到家、大到国都是如此，这是过去的小孩子从小就要懂得的，哪怕是官宦人家也是一样。务是从事、致力的意思。兹，这。稼是耕种，穑是收获，连起来就泛指农业生产劳动。这一句就不是要求每个人都做的了，不要说官宦人家，就是普通百姓事实上也并非都是农民，孔子更是被讥讽为“四体不勤，五谷不分”。只是历来推崇农业是全社会的共识，每到开春耕种季节，作为国家象征的皇帝是要率先垂范的。当然皇帝不会真的种一块地，只是一套例行的礼仪，右手扶犁，左手执鞭，来回耕上几趟，这叫做亲耕，意思向天下的百姓表示，国家重视农耕。

后稷是古代一位著名的农业神，他又是周民族的祖先，又被奉为百谷之神。据说他名叫弃，他的母亲是有邰氏的女儿，叫姜嫄。姜嫄是帝喾之妃，因在郊外踩了一个巨人的脚印，有所感而孕。她觉得生下这个儿子不祥，便把他抛弃在一条小巷子里，然而牛马走过那里都不去踩他。又想把他抛在山林里，却恰逢山林中人多，无法实施。最后把他放在冰上，结果飞鸟都用翅膀来覆盖他。姜嫄觉得很神奇，于是把孩子抱回抚养。因为最初抛弃过，所以取名叫弃。弃从小便有高远的志向，做游戏的时候，爱种麻、豆子，而且生长得还很好。他长大以后，便专门从事耕稼。他会选土耕作，别的人也都学他的样子。帝尧知道后，命他当农师，天下都因此获益。以后，尧便封弃在邰那个地方，以“后稷”为号，以姬为姓。后稷这一族，历代都有好的名声，后来周王朝也一直以有这样一位祖先而感到自豪。

俶载南亩　我艺黍稷

chù zài nán mǔ　wǒ yì shǔ jì

这两句分别是分属《诗经》中两首诗的句子。俶，始。载，同"菑"，耕作。南亩，泛指田地。一般开垦田地多选择向阳的南坡，阳光充足，利于植物生长。艺，种植。黍稷，古代两种主要的粮食作物，也泛指五谷。如果以这两种作物相比较，古人更看重稷。前面说过，农业的始祖叫后稷，分管农业的官叫稷正，五谷之神叫稷神——在古代，农业为本，所以最要紧的两位神灵就是社神（土地神）和稷神，故而社稷干脆就成了国家的代名词。民间处处都有祭祀社神和稷神的祠庙，规格很高，每年都有隆重的祭祀活动。这两句是在描述一年中农业生产开始时的场景，由于选用《诗经》中的成句，只能在语意上贯通，却不如上文"肆筵设席，鼓瑟吹笙"那样还能兼顾对仗。

shuì shú gòng xīn　quànshǎng chù zhì
税熟贡新　劝赏黜陟

生产出来的农作物是需要有一部分上交官府的，上级向农夫征收的叫税，下面主动往上送的叫贡。农业生产有了收获，上交的都是成熟的、新鲜的农产品，而官府也正是依据这样的途径对农民进行劝勉和赏罚，对偷懒的要督促，对勤奋的要褒奖。黜，退。陟，进。到这里就可以看到农业立国的概貌，百姓主要进行农业生产，然后将所得的一部分上交国家，用以维系政府的各种开销。我国最早的有案可查的农业赋税制度可以追溯到春秋战国时期，而农业税的取消则近在2006年，一直保持了两三千年，所以在古代社会，大量的农民种地缴纳赋税，而各级官员的最主要工作就是收缴赋税，无论怎么改朝换代，这个做法始终是一致的。这两句可以看作是古人对社会生活的一个最简要的概括。

mèng kē dūn sù

孟轲敦素

孟轲就是被称为“亚圣”的大学者孟子，他小时候父亲就死了，母亲一个人抚养孟子长大。孟家居住的地方离墓地很近，孟子因此学了些丧葬的事，孟母觉得这个地方不适合孩子居住，就将家搬到街市上。但是由于新家离杀猪宰羊的地方很近，孟子又学了些做买卖和屠杀的本领。孟母意识到这个地方还是不适合孩子居住，又将家搬到学宫旁边。农历每月初一这一天，官员进入文庙，行礼跪拜，揖让进退，孟子见了，一一记住。孟母想：“这才是孩子居住的地方。”于是就在这里定居了下来。这就是著名的“孟母择邻”的故事。而孟子也没有辜负母亲的期望，最终成为中国历史上著名的大学者。敦素，指敦厚素雅的品德。

shǐ yú bǐng zhí
史鱼秉直

春秋时期，卫灵公内惧夫人南子，外宠奸臣弥子瑕，政权旁落，国势衰微。史鱼去世，灵公前往吊祭史鱼。史鱼的尸体直挺挺地躺在床榻之上，并未装棺入殓，灵公大怒，认为这是大大的不敬。史鱼的儿子趁机代父亲恳请灵公免削弥子瑕的职位。卫灵公被史鱼的忠直打动，答应了这个请求。后来孔子闻知史鱼尸谏灵公的事，曾称赞说："刚直不屈的史鱼，政治清明的时候如同箭一样直，政治黑暗的时候也如同箭一样直。"

shù jī zhōngyōng láo qiān jǐn chì
庶几中庸 劳谦谨敕

中庸，儒家主张的为人处世的基本原则，不偏不倚、不走极端的意思。中庸本来只是儒家思想体系中的一个枝节，《礼记》中有一篇专门探讨这个话题，题目就叫《中庸》。到了宋代，以二程（程颢、程颐）和朱熹为代表的儒家学者将《中庸》抬得很高，后来就成为“四书”之一，做了几百年的官方教材。中庸原本是一个思辨意味很浓的哲学话题，过去的儿童就要读，其实是很难理解的。科举制废除之后，人们不再读四书五经，中庸这个词就慢慢变成平庸或低调的意思了。劳谦，勤劳谦恭。谨饬，谨慎自律，保持严肃端庄。这些都是儒家学者为人处世的基本要求，两句用“庶几”领起，后面可以看作是三个并列项。庶几是一个虚词，可以解释为近似、差不多，也可以解释为希望、但愿，在这句中两通。

“劳谦”，是《周易》中的原话，后人读书时曾经就此话发出过议论：古来辛勤劳作的大人物很多，但真正让天下人敬服的，首先不是他的“劳”，而是他的“谦”。唐代安史之乱险些把唐王朝送入坟墓，时任朔方节度使的郭子仪先在河北打败史思明，后又联合回纥收复洛阳、长安两京，功居平乱之首，晋升为中书令，封汾阳郡王。后来代宗时，叛将仆固怀恩勾引吐蕃、回纥进犯关中地区，郭子仪孤身前往回纥大营，慷慨陈词，责备回纥弃功结怨。由于他在回纥军队中有着很高的声望，最终说服回纥反戈，与唐军联手大败吐蕃，保卫了国家的安宁。郭子仪戎马一生，屡建奇功，以八十四岁的高龄告别沙场。天下因有他的坐镇而获得安宁达二十多年。他的军功、兵权、地位都是极高的，能几十年而不为主上猜忌，在举国上下都享有崇高的威望和声誉，和他忠正为国的作为、谦恭和善的性格都有直接的关系。

líng yīn chá lǐ　jiàn mào biàn sè

聆音察理　鉴貌辨色

这两句说与人交往的过程中一些必不可少的环节。聆音是听人说话，察理是分析辨别事理，鉴貌辨色是观察和辨识人的容颜神色。这些步骤必须很好地综合在一起运用，才能正确地判断人和事，并采取相应合理的方式与之交往。这两句在《千字文》中并不显眼，在古代童蒙教育中算是一个常识性的内容，并没有什么争执，但到了近现代，却有些不知不觉的变质。过去并不反对教孩子察言观色，《红楼梦》中便有一副对联“世事洞明皆学问，人情练达即文章”，可很多现代人是用否定的眼光来审视这种教育的，觉得那是圆滑、世故，甚至是见风使舵、谄媚奸佞。这种变化很隐蔽，背后也有着复杂的社会原因，不能充分展开细说，姑且提一下这个现象，大人孩子读《千字文》至此，都可以想想在这个问题上到底何去何从。

汉朝的开国功臣陈平是一个善于察言观色的人。他年轻的时候，有一次乘船渡河，船老大打量他一番，怀疑他是个逃亡的贵族，身上也许带着很多钱，于是动起了坏脑筋。处于劣势的陈平觉察到了船老大的异样，便选择了一个非常合适的做法，他把上衣一脱："老大辛苦了！我来帮你撑船吧！"这一脱，既不撕破脸皮，又告诉对方自己没有什么钱财，轻松逃过无妄之灾。这事是陈平"观色"的功夫，后来还有一件事能表现他"察言"的能力。高祖刘邦因为和英布作战负了伤，还师路上听了别人撺掇，居然把陈平和周勃叫来，下密旨让他二人去接掌樊哙的兵权，并将他就地处死。二人领命出来，陈平怎么想都觉得不对，就和周勃商量：樊哙是最早跟皇上打江山的，他们还是连襟，皇上这是气头上要杀他。我们去接掌兵权，但不能杀他，押回来，要杀让皇上自己杀去。结果人还没押回来，刘邦先死了。为此，陈平才在后来吕后专权的时代免遭报复。

yí jué jiā yóu miǎn qí zhī zhí
贻厥嘉猷 勉其祗植

贻，遗留。厥，代词，同“其”。嘉猷，好的规划和策略。祗，敬。植，立。贻厥、嘉猷都是《尚书》时代的词汇，后来人们因其古雅庄重，也经常套用。而祗植就很奇怪了，历来少有人用，只能根据上下文意猜测一下。这两句是站在长辈的立场上说的，说对子孙应该留给他们有益的立身之道，勉励他们怀着敬畏的心情面对生活，建立有价值的人生。中国古代特别重视家庭传承，富贵、学问、声望、手艺等所有的成功都能够代代相传，那才是真正的成功。对后代的教育也经常是高起点的，开始便从立志修身、处世哲学入手，所以很多名人常把“秉先父遗训”之类的话挂在嘴上，这固然是为了体现孝道，也说明传统启蒙教育确实卓有成效。

清朝乾隆年间的赵翼曾回忆昔日在宫内当差值班时所见：上早班在五鼓时分进宫，上朝的百官都还没有来，黑暗中偶尔有几个打杂的仆人来往走动，有没睡醒的还靠着柱子打盹。这时可以隐约看到一点白纱灯慢慢进入隆宗门，这是皇子们进书房读书。赵翼对此深有感慨，即便是靠读书安身立命混饭吃的普通人也做不到这样，这些皇子却一早进书房，习文练武内容紧凑，直到傍晚才放学，如此培养，日后成人临事岂有不明智干练的道理！如此看来，满清皇族对子女教育的理念确实值得我们参考。在这样制度化的严格训练下，清朝的皇帝、皇子不仅饱读诗书、兼通满汉，而且往往都有着过人的意志品质，与明朝的皇族子弟有着天壤之别。满清女真人入主中原不过两百多年，之前的文明进程还是比较落后的。然而，作为皇族的爱新觉罗家族能够很快融入中原的传统文化氛围，并自始至终坚持从精从严的启蒙教育，这样的见地与执着，是很多汉人大族都做不到的。

xǐng gōng jī jiè chǒng zēng kàng jí

省躬讥诫 宠增抗极

省躬就是反省自身。诫，警惕、戒备。人会发生一些值得讥笑、值得警惕的小事情，常常去反省这些事情，使自己有个清醒的认识是十分重要的。抗，同“亢”字，高。极，极点。自己得到外界的尊崇日益增多的时候，必须要意识到这是有极点的，而荣耀的极点同时也必然是潜伏着灾祸的，历史上恃宠而骄、功高震主最终覆家亡身的事情屡见不鲜。这两句在编写上也有些小问题，读起来似通非通，古代文献中“抗极”十分少见，而“亢极”却由于源自《周易》，比比皆是，《千字文》中并没有出现“亢”字，这里不知为什么偏要写成“抗”。省躬，是一个动宾结构的词组，按照一般的习惯，下面的“讥诫”二字应该是相同方式的组合才对，所以读到这四个字，大多数人都会愣一下：躬可以省，诫为什么要讥？这问题大概周兴嗣自己都没法回答。

汉高祖刘邦取得天下，大局初定之后，就开始剪除“危险分子”。在刘邦眼里，第一号危险人物就是既能打仗、又有兵权的韩信。最后韩信的兵权被夺，自己也被吕后捕杀。杀了韩信之后，轮到了大将彭越，借着他因病未能随刘邦出兵邯郸的罪名加以流放，最后被剁成肉酱。至于刘邦的那个老同乡萧何，一直是给刘邦做后勤工作的，本来就是个文官，又从来勤勤恳恳、清正廉洁。或许是萧何在百姓中的口碑太好了，刘邦也想收拾他，吓得萧何赶紧贱买土地、放高利贷，通过做点坏事把自己的形象抹黑，好让刘邦更光辉一些。尽管如此，刘邦还是把萧何下了狱。建功立业和功高震主常是相伴发生的，每个人的处世之道不同，往往也会得到不同的结局，同样是面对刘邦、吕后这样的厉害主子，有触犯忌讳丧身破家的韩信、彭越，但也有能把自己保护好的陈平、张良，可见人生的每一步进退取舍都是需要小心谨慎的。

dài rǔ jìn chǐ lín gāo xìng jí
殆辱近耻 林皋幸即

殆，接近。林皋，山林水岸，借指与世无争的隐逸生活。意思是说如果预感到耻辱的事情将要降临而能够及时退隐，那将是一个非常幸运的选择。富贵，是大多数人所追求的，而能够达到既富且贵的目标，往往离不开政治活动。历史上有不少时段的政治局势是黑暗的，身处政坛的大小人物不仅无法实现理想，甚至可能随时有性命之忧。这种时代常常盛产一批隐士——有能力、有资格做官的人，因为现实与自己的思想有着不可调和的矛盾，放弃了一般人热衷的富贵，选择朴素而亲近自然的生活，尽量不与外界交往。尊重生命，热爱自然，有独立的思想，淡泊名利，这就是隐士的基本特点。在古代文化中，对真正的隐士同样十分尊敬，尤其是那些能够洞察事机，主动逃离政治斗争的，会被认为道德高尚、智慧过人。

王守仁，世称阳明先生，是明朝著名的大儒，也是当时比较少见的能真正做到学以致用的学者。在学术上他主张“知行合一”，反对当时空疏的学风；在现实中，他也是少有的既能带兵又能安民的文武全才。明武宗宠信宦官刘瑾的时候，王守仁上书直言，被流放贵州。途中王守仁发觉有人跟踪，便趁夜色假装投江而死，还留下了遗诗骗过了意欲加害他的刘瑾。后来刘瑾倒台，王守仁到江西任职，身在江西的皇室贵族宁王朱宸濠想要造反，准备拉拢他，王守仁婉言谢绝，同时也严密提防宁王因拉拢不成而加害自己。后来宁王起事的时候，王守仁因为身在福州躲过了灾祸。随即又是他先派人在附近各州府散发檄文虚张声势，骗得宁王紧守不出，为前来讨伐的明军赢得了时间，又趁宁王攻打安庆之际端掉了他的南昌老窝，最终把他生擒。因为战功，他做到了南京兵部尚书，但同时也深深觉察到明武宗被一群奸邪小人包围，朝政已不可救药，终于辞官而去，回乡讲学。

liǎng shū jiàn jī jiě zǔ shuí bī
两疏见机 解组谁逼

组，组绶，即系在官印上的带子。解组就是辞官的意思。两疏指汉朝的两位名臣疏广、疏受叔侄。在双双担任高官多年后，有一天，疏广对疏受说："历史经验是：知足的不受辱没。做人功成名就之时，就应审时度势，急流勇退。人的事业正如太阳月亮，日中而偏，月盈则亏，后来者居上。我们叔侄今已名成功就，我害怕不乘此时辞朝还家，以后会悔祸无穷啊！"疏受听后，十分赞成叔父的意见。于是，两人同时上表，以年老多病为由辞官，告老还乡。回到家乡后，两疏虽然年老体弱，但很愿为家乡做点好事。他们用皇上赐给的金银广设学馆，受到后人世世代代的尊崇。古时候高级官员退休一般经济都比较宽裕，用不着像寻常的隐士那样躲到山里去过清贫的生活，但过去退休没有年龄限制，主动辞官还是能体现其思想修养的。

suǒ jū xián chǔ chén mò jì liáo

索居闲处 沉默寂寥

索居，远离人群而独处。寂寥，空虚的样子。《礼记》中有一段记载，说孔子的学生子夏性格孤僻，极少与人交往。后来子夏因儿子去世哭瞎了眼睛，他的师弟曾参因此批评他不能很好地继承老师孔子的教化事业，连家里的老小都不能好好照顾。子夏被折服，说："我错了！我错了！离群索居太久了！"孔子是很热心、很积极地对待社会的，在得不到周围人的理解和支持的时候他也会发发牢骚："我想乘一条小船去海上漂流，那就再不用烦心了。"然而，牢骚发过，他又回到现实中为自己的理想奋斗。这是孔子，也是后来大多数读书人的处世方式。至于那些隐士的思想，大多是受了道家的影响。两家处世态度各不相同，古代虽尊崇儒家为正统，却也不过分排斥道家，同样是离开政治舞台闲居，各人的想法和感受也各不相同。

求古寻论 散虑逍遥

qiú gǔ xún lùn sàn lǜ xiāo yáo

散虑，排遣忧愁。读书自娱，追寻古人的哲理，可以排解心中的忧虑，是一种逍遥自在的生活方式。古时候，读书是少数人的事，既有读书条件，又有读书能力的人很少，年代越早这个反差越大。但是，官员通常总是知识分子，很多人通过读书考试跻身仕途，投身于繁杂的政务，往往就没有时间和精力去读书了。一旦因为种种原因有了时间，重新捡起书本，不再有考试的约束，按照自己的所需去学习或钻研，那就是一件非常愉快的事。中国文化的传统是崇古抑今的，最好的帝王在古代，最好的社会在古代，最好的学问当然也在古代，所以这里用“求古”来表示获取知识。我们今天当然不必再在阅读上有这样的局限，但是坚持阅读能够调节心理，提高修养，改善生活，这个经验仍然适用。

邵雍是北宋的一个大哲学家，生活中是一个随和而睿智的长者。当时退休的高官如富弼、司馬光等都非常尊敬他，合资给他买了套宅子，邵雍就住在里面自己耕种生活，并给自己的这个家起名“安乐窝”，平日里就种种地、做做学问。到了春秋两季，邵雍经常坐上小车进城，不管哪家王公贵族，停在谁家门口就住在谁家。这些大人物有不少平日很高傲、不与平民交往的，惟独对邵雍，不仅没人不欢迎，而且家家听见邵雍的车马声都争相出门迎接，食宿免费。因为邵雍先生从来没有架子，男女老幼之间有什么家庭纠纷都拿来跟先生说，邵雍总能用简单易懂的语言说得大家既服帖又开心，什么矛盾都烟消云散。乡里人家的长辈教导晚辈常常会说：“别做坏事噢，邵先生会知道的！”像邵雍这样既有高深的学问，又能如此平易近人的大学者实属罕见，而他的一生也真正是在权和钱之外找到了精神的逍遥和快乐。

xīn zòu lèi qiǎn qī xiè huān zhāo
欣奏累遣 戚谢欢招

欣、欢，同义词，高兴的意思。奏，进献。招，招来。欣奏和欢招意思相近，都是说得到了欢愉。累，拖累。戚，忧伤。遣，排遣。谢，拒绝。累遣和戚谢意思也差不多，都是说驱散了不愉快。这是顺着上文说读书的好处，本来“散虑逍遥”已经把这个意思说完了，现在为了凑字数，又同义反复了两遍，用词显得有些生涩别扭，这样的做法出现在诗文中是不可取的，但《千字文》虽有文章的结构、诗歌的外形，本质上还是具有很高实用价值的文字游戏——将一千个不同的字编排成这样，难度是很高的，即便很多能熟背的人，要一下子说出某个字出现在哪一句也不容易，作者在创作时候的困难就不难想见了，所以有各样的一些小问题，我们也不必过于苛求。

渠荷的历 园莽抽条

qú hé dì lì yuán mǎng chōu tiáo

以下是顺着上面“索居闲处”发挥，想到田园生活中的自然景致，于是开始说植物和动物。渠荷，很多人会望文生义理解为水渠里的荷花，这样理解就这一句来说影响并不大，照样可以读通。但严谨地追究辞藻文意的话，这是错的。水渠多是流水，荷花却只生在静水中。荷花有很多别名，莲是尽人皆知的，菡萏就要读一些古代的诗文才知道。至于芙蓉、芙蕖，现代人知道的就更少一些了。芙蕖也有写成芙渠的，所谓渠荷，就是将这两个名称组合在一起得来的。另外还有人认为“渠”有“大”的意思，车渠就表示大个儿的贝类，荷渠也是形容荷花之大，这个说法未必可信。的历，光彩鲜明的样子，一般用来形容荷花。莽，茂密的草。抽条，长出枝条。这是写水中的荷花和园中的草木生机盎然。

枇杷晚翠 梧桐蚤凋

pí pá wǎn cuì　wú tóng zǎo diāo

枇杷是一种常青的树木。枇杷，显然也是一个连绵词，为什么有这么个名字很难考证。有人说是因为枇杷树叶形状和乐器琵琶相似才得名的，这显然是一个荒谬的说法。琵琶是西域传来的乐器，枇杷则是中国出产的植物，虽然琵琶走进中国也在秦汉时期，但总不至于到那时候枇杷还没有固定的名字，要等看到琵琶再给它取名。在岁晚的时候，其他树木的叶子都落了，而枇杷树仍然青翠欲滴。相比之下，梧桐叶子就早在立秋便开始凋落。“蚤”，通“早”。古人说，看见梧桐树落下了第一片叶子，就知道秋天来了，这就是“一叶知秋”，这个成语告诉我们要注意小的、细微的事情，它可能给我们一些重要的信息。自然的常识，也被古人赋予了重要的人生哲理。

世间的事情多有征兆，有的属于迷信，但更多的是来自人们对各种规律的总结。春秋时的晋国是强盛的大国，晋献公有三个儿子——申生、重耳、夷吾，分别是三个夫人所生，被立为太子的申生和两个弟弟关系亲密，融洽相处，本来一切正常。后来，晋献公攻打骊戎，俘获了一个叫骊姬的女子。晋献公十分宠爱她，一年以后骊姬也生了一个儿子叫作奚齐。于是骊姬开始为自己的儿子争夺继承权了。但是申生德才兼备，在大臣和百姓中威望很高，一时无法动摇，于是骊姬先说服晋献公把自己立为夫人。当时的大事都要由专门的官员通过占卜来确定是否可行，名叫史苏的官员洞察了骊姬的用心，用占卜的结果来劝告晋献公：这样做将是大灾祸的开端。晋献公被骊姬所迷惑，坚持把她立为夫人。结果，申生被骊姬设计害死，重耳、夷吾也被流放，奚齐最终如愿成为国君，而强大的晋国也由此一蹶不振。如果不是后来重耳经过多年的流亡生活之后重返晋国执政，恐怕晋国在那时就会灭亡了。

chén gēn wěi yì luò yè piāo yáo
陈根委翳 落叶飘摇

委翳，枯萎凋落。草木陈旧的老根裸露在地上，慢慢枯萎死去。树上的叶子一片片飘落。又是一个冬天到来了。这两句都是罗列诗文中景物描写的辞藻，描写草根树根的可以用委翳，描写落叶的可以用飘摇，这两个词都是连绵词，无法拆开来解释，因此古人使用连绵词的时候往往只管读音和用法，只要描写的对象合适，字怎么写无所谓。飘摇，飘常有写成漂的，摇也多有写作遥的，任意组合，都是这个飘摇。只不过人们习惯于一般的构词法，所以更喜欢写成飘摇，但无论如何不能把它直接解释成又飘又摇，虽然这意思也算差不离。委翳也是如此，有人把“委”写作“萎”，以便能和这个词语的用法就更加接近，但翳字的意思只和遮蔽有关，两个字凑起来还是说不通。

yóu kūn dú yùn　líng mó jiàng xiāo

游鹍独运　凌摩绛霄

鹍是一种像鹤一样的鸟，这里是鲲的借用字，指另一种大鸟。《庄子》开篇就说北海有种大鱼叫鲲，能化成鸟，名字叫鹏。这种鸟“海运则将徙于南溟”。“海运”有两种解释，一是说大海的洋流风浪兴起，另一说则指鹏在海面上飞行。《千字文》取后者，所以用了“运”字。诗文中形容高，常用凌云、摩天，凌云是在云的上面，摩则是逼近、迫近的意思。后来凌摩二字合用，表示接近或相上下。绛是暗红色，霄本来也是云的意思，后来则经常用来指代天空。鹍能飞得很高，让人联想到自由，有潇洒豁达的感觉。幽居独处的田园生活的快乐正和这天高任鸟飞的境界有着异曲同工之妙。

dān dú wán shì　yù mù náng xiāng

耽读玩市　寓目囊箱

耽，沉溺。玩，观赏、游览。寓目，观看。囊、箱，都是装书的器物。东汉时期的大学者王充小时候家里比较穷，但非常喜欢读书。稍大一些之后，他就经常一个人去逛市场。当时的洛阳是个大城市，市场里有各种商人在做买卖，王充去的都是买书的店铺。有时候，一去就是一整天，把人家箱子里的书拿了看，到天黑才回家。天长日久，加上王充的记忆力出奇得好，后来终于成为一代有名的学者，并留下了三十万字的巨著《论衡》。在这部书中，除了他睿智的思想，我们还能看到许多被他引用的传说、故事，恐怕很多都是他年轻时在书店里看来的。这两句好像就就是在说这个故事，也算是一个劝学的典故，不过上下文都是常识或哲理，夹在其中有些突兀。

yì yóu yōu wèi　zhǔ ěr yuánqiáng

易輶攸畏 属耳垣墙

易，轻易。輶，古代一种轻便的车，也引伸为轻的意思。攸，语助词，相当于“所”。属耳，用耳朵靠近，指偷听。任何轻忽懈怠都是很可怕的，小小的疏忽会酿成大祸，哪怕是说话也要预防隔墙有耳，决不可掉以轻心。属耳垣墙是从《诗经·小雅·小弁》中的诗句变化而来的，原句是“君子无易由言，耳属于垣”，本来是指可能会发生的事，颠倒成“属耳垣墙”，语气上就成了表示主动行为，好似让人这样去做，这也是一个小小的语病。輶虽然能用来表示轻的意思，但将易、輶二字连用却是《千字文》的发明。“攸”的这种用法也很特殊，和成语生死攸关中“攸”的作用很像，这样的用法只出现在宋朝以后，很可能也是《千字文》引领出来的用词习惯，到了明清的公文，凡说某件事的重大意义，“攸关”就屡见不鲜了。

东汉的杨震出身儒学世家，自幼酷爱读书，长大之后又遍访名师，成为远近闻名的大学者，时人称之为“关西孔子”。杨震名气大了，就有人请他做官，但杨震不肯，一直读书读到五十岁，才出来做了荆州刺史，由于为官清正，很快闻名朝野。有一次推举昌邑县令，杨震没有理会各种托请，根据自己的考察推选了德才兼备却是平民出身的王密。两年后，杨震路过昌邑，王密准备了十两黄金深夜给杨震送去，声明这是对杨震的感激之情，并且决不是来路不正的钱。但不管怎么说，杨震坚决不收，王密急了，脱口说道：“这事又没人知道，怎么就不能收呢？”杨震笑道：“不对吧？天知、地知、你知、我知！”听了这话，王密大为震动，深深佩服杨震不欺天地、不骗良心的正直品格，而杨震“四知金”的典故也不断警示后人：任何言行都来不得半点欺瞒，唯有诚心处事才是做人的正道。

jù shàn cān fàn　shì kǒu chōngcháng
具膳餐饭　适口充肠

具，置办，准备。膳，食物。餐，吃，吞食。生活中最重要的一个日常问题就是吃饭，吃饭有两个基本要求，一是尽量好吃一点，叫做“适口”，二是填饱肚子，叫做“充肠”。这里比较有意思的一个字是饭。这个字是很早就使用的，除了用来表示古代丧礼中在死者口中置入珠玉的一种礼仪之外，其他用法都和现在差不多，可以指狭义的米饭，也可以指广义的饮食。但在使用的频率上古今差别可就大了，不管用作名词还是动词，这个“饭”在古汉语中有大量的同义词、近义词，它本身却很少用到，更奇怪的是并非本来没有这样的用法，早在孔子的年代就用了，后来的人们写文章偏偏不爱用，只在口语中极多，所以古代白话小说中的“饭”远远多于传统诗文。诗文中比较多的是“饭牛”的典故——牛吃的又不是饭，偏偏把喂牛称作饭牛，这又是令现代人想不通的。

bǎo yù pēng zǎi jī yàn zāo kāng

饱饫烹宰 饥厌糟糠

饫，饱足，吃不下。厌，吃饱，满足。二者是同义词，它们也可以组成表示吃饱、吃腻的词语“厌饫”。烹宰，宰杀煮食牲畜，指味道甘美的肉食，远古时候生产力条件有限，饮食质量在今天看来是非常低劣的，牛、羊、猪这样的大型牲畜都是专供祭祀用的，日常生活中很少任意食用，且所谓的烹，大致就是扔到鼎里煮，味道想必是现代人难以下咽的。糟糠，即酒渣和谷类的皮，二者都是谷物加工后的残渣，能用来充饥，但非常难吃，所以用来指代难以下咽的食物。一个人饱着的时候，好吃的食物也吃不下；一个人饿了，再难吃的东西也觉得不错。食欲是人的基本欲望，人的各种欲望都在比较之下感到满足或不满，看似说的是吃的话题，其实是人性的一个规律，可以用在很多地方。

东汉光武帝刘秀手下有个将军名叫冯异，后来也成为云台二十八将之一。早年跟着刘秀一起打天下。对开国皇帝来说，江山政权不会从天上掉下来，他们无一不是历经了千辛万苦，刘秀也不例外。刚起兵的时候条件很差，有一次行军，天气特别冷，又断了粮，全体将士都很饿。冯异不知道想了什么办法弄到一点点豆子，给刘秀煮了碗豆粥喝。又有一次行军途中，遇到了暴风雨，情形更为艰苦。这一次冯异又不知道如何搞来了一些麦片煮了点饭。多年以后，刘秀做了皇帝，赏赐了冯异很多珠宝、衣服和钱财，并对他说："我们现在条件好了，可我却总也忘不了那顿豆粥，那味道真好啊！"冯异答道："陛下能不忘旧日的艰辛，那是国家的福气；至于微臣我，对陛下的恩典也是没齿难忘！"

qīn qī gù jiù lǎo shào yì liáng
亲戚故旧 老少异粮

亲戚，各种有血缘关系的人。故旧，各种没有血缘关系但有密切交往的人。为各种人准备食物的时候，要根据其年龄层次的不同而安排不同种类的食物，一般来说，老者要吃得好一些，年轻人可以吃得粗淡一点。这是因为过去的物质并不丰富，而社会的祥和稳定很重要的一条是“老有所养”，因此有了这样的规矩，在过去的农村大家庭中，能否为老人准备合适的食物是评判子女是否能够尽孝的一个主要标志，会影响一家人的声誉。对于家庭之外的老人赡养问题，类似现代的社会福利机制，古代虽然很不完善，但这样的意识是很鲜明的。这种敬老的风气贯穿了中华文明的历史，在今天看来还是很有积极意义的。这两句在内容上从饮食向家庭生活过渡。

qiè yù jì fǎng shì jīn wéi fáng
妾御绩纺 侍巾帷房

妾，女奴，也指小妻。御，掌管。绩纺，纺织。侍巾，侍巾栉的简化说法，巾是头巾或手巾，栉是木梳。女子服侍男子饮食起居，男子早上梳洗穿戴，女子准备好衣物手巾在边上伺候，称为侍巾栉。帷房，内室。在旧时生活中，女子的主要任务是纺织和服侍男主人的生活。这样的分工固然是以农业社会的现实状况为依据的，男子更适合于耕作劳动，而体力稍弱的女子从事纺织，双方互补解决吃饭、穿衣的问题。另一方面，这样的约定也是源自男女的个性差异，通常女性比较细致、顺从、有耐心。然而这样的约定也无形中造成了男女权利义务上的差异，形成了男尊女卑的局面，不符合现代人的观念。现代的社会生活也发生了巨大的变化，所以这样的内容对今天的读者来说，主要是了解历史而不是付诸实践。

wán shàn yuán jié　yín zhú wěi huáng

纨扇圆絜　银烛炜煌

纨扇，细绢制成的团扇。絜，同“洁”。银烛，银白色的蜡烛。蜡烛，现代版和古代版是完全不同的东西，现在比较发达的城市生活中，蜡烛只出现在生日蛋糕上或需要体现温馨氛围的场合，不再是家庭常备的东西，所以很少有人关注蜡烛到底是什么。现代的蜡烛是石油工业的产品，主要成分是工业石蜡，显然，这与古代的蜡烛不同。蜡是虫字旁的字，古代用来指各种动植物分泌的油脂性物质。蜂巢中有蜂蜡，是工蜂的分泌物，产量小，用途广，所以很少用来照明。又有一种白蜡虫，寄生在白蜡树上，它的分泌物就是古时候人们制作蜡烛的主要原料。炜煌，明亮。这是描写生活中的日常用品，用绢制成的扇子圆而洁净，点起银白色的蜡烛光芒四射。

zhòu mián xī mèi lán sǔn xiàngchuáng
昼眠夕寐 篮笋象床

昼，中午。夕，晚上。眠、寐，睡。篮笋，一种竹床。象床，象牙装饰的床。这是罗列休息睡觉用的器具。这两句本来没什么难处，但是因为一个“篮笋”变得非常复杂。在汉字的书写规范上，古人的随意性比今人要大，特别是一些形近字，比如篮和蓝，今人都知道是不同的两个字，虽然也有随意手写的现象，但出版物中是不轻易错的，古人却宽松得多。篮是一种容器，类似轿子的代步工具也可以叫篮舆。蓝是一种草，或者表示颜色，古人又说蓝色的竹席叫蓝笋。不论篮笋还是蓝笋，前人都用得很少，大部分都是在走山路的时候提到，那样，指的就应该是代步工具。但从《千字文》中的上句来看，既是和床相提并论，似乎应该指席子更合适。现存的著名手写版《千字文》是王羲之的七世孙智永和尚所写，他把这个字写作“蓝”。

xián gē jiǔ yàn jiē bēi jǔ shāng
弦歌酒宴 接杯举觞

弦，弦乐，这里泛指音乐。杯、觞，酒器。古代的礼仪制度十分发达，而酒又是不可或缺的道具，所以酒器的名称也异常复杂，杯字在古代不算常用的，却留存至今，成为饮器的主要名词。觞则在古代也不是固定的容器名称，同样是这个东西，满上酒了叫做觞，空着就叫觯。王羲之和朋友们在小溪流上玩酒杯漂流的游戏，名字就叫曲水流觞。长江的源头很细小，也就像小溪流一样正好能浮起个酒杯，所以叫做滥觞，这个词后来被引申为发源、开端的意思。这是《千字文》第二次提到酒宴了，前面的“肆筵设席，鼓瑟吹笙”同样也是有音乐助兴的，所不同的只在于那个是庙堂酒宴，或者是帝王的聚会，或者是祭祀的礼仪，相对比较隆重，这个只是民间的普通酒宴。酒席宴上，客人们推杯换盏，十分尽兴。

jiǎo shǒu dùn zú　yuè yù qiě kāng

矫手顿足　悦豫且康

矫手，举手。顿足，跺脚。这些都是指舞蹈动作。悦豫，高兴。悦字现在还很常用，一般用来表示心情的愉快。豫却只用来表示地名了，在古汉语里，豫的用法很多和现在的“预”相同，豫备、豫先之类的写法很常见。表示高兴、安乐的意思的“豫”在《尚书》中就有了，周武王生病了，“弗豫”，就是不舒服、不安乐，后来，凡说皇帝或长辈生病了，就称不豫。康，安乐，和悦、豫本是同义词，而且在用法上比它们更丰富，兼有快乐、富足、健康等多层意思，现在则主要用来表示身体没有疾病。这些表示喜悦的词汇罗列在一起，对于写文章的词汇积累是有用的，两句大意就是：在音乐和歌舞中，饮宴的客人们越来越高兴，伴随着节奏载歌载舞，心中十分愉悦。

dí hòu sì xù jì sì zhēngcháng

嫡后嗣续 祭祀烝尝

古代贵族多妻，正妻所生称嫡子，其余的称庶子。嗣，从字的结构解释，右边的“司”表音，左边是一个“口”和一个“册”，表示国君确定继承人，既要口头宣布，又要记录在案。除了国君，贵族乃至普通的家庭都有这个问题，一家之主也是要继承的，嗣续也用来泛指子孙繁衍延续。之所以要嗣，是因为继承人的主要任务是祭祀祖先，以嫡子为后，子子孙孙宗族繁衍，老祖宗的在天之灵也就永远有人供奉，如果谁家不幸没有儿子，那从此以上的祖宗就都没人供养了，所以不孝有三，无后为大。祭祀除了祭祖之外，也可以祭各种神灵，前面说过的天、地、谷神、土地神等都有相应的祭祀礼仪。祭祀因季节不同而各有名称，春夏秋冬的祭祀分别称为礿、禘、尝、烝。这里只举烝和尝是根据字数和押韵的需要。

qǐ sǎng zài bài　sǒng jù kǒnghuáng
稽颡再拜　悚惧恐惶

稽颡是古代的一种跪拜礼，屈膝下拜，以额触地，表示极度的虔诚。再拜，也是古代的一种礼节，字面意思就是拜了又拜，表示恭敬。在先秦专门记载礼仪的书中，相关的记录非常多，而且名目复杂，光是拜就多达九种，各有不同的用途，稽颡就是九拜中的一种。但是这种动作在没有影像记录的古代，要光靠文字准确保存下来很不容易，所以九拜到底都是什么样子，所谓再拜又是用哪一种拜，这种种细节连汉朝人都并不十分清楚。所以后来人们常用的相见无非是磕头、作揖等古装戏里常见的那些，虽然也有些讲究，但远不如先秦时候那么复杂了。悚、惧、恐、惶意思相近，都是害怕畏惧的意思。古人重礼仪，无论祭祀时对祖先神灵还是生活中与人交往，都需要表达一种敬畏，所以用到这些词。

jiān dié jiǎn yào gù dá shěn xiáng
笺牒简要 顾答审详

笺，书信。牒，文书。顾答，回答问话。这里是说与人交流的基本礼仪，凡书面的交流要简明扼要，不要让人阅读很多的字数，这是很麻烦的。古人的书信一般都用文言文，看各人的文化程度，有的人写信很有文采，被人专门收集起来以供欣赏，称为尺牍。有的人文化程度低，有时候也就半文半白写清楚意思就行，衙门里的公文大致就是如此，政事繁杂，官员衙役大多不会字斟句酌，只用简要的白话，我们现在能看到的一些皇帝处理的公文也有好多“知道了”之类。口头交流效率高得多，所以可以尽量详细，话说得要完整严密，把意思准确传达给对方。如果话说半句，或者敷衍应答，不仅容易产生误解，而且是对对方很轻视的态度，属于不礼貌的行为。

hái gòu xiǎng yù　zhí rè yuàn liáng
骸垢想浴　执热愿凉

骸，身体。骸是骨字旁，解释为身体的时候，它是“身”、“体”的备用字，它用得更多的是表示骨骼，特指尸骨，过去官员要申请退休，就叫做“乞骸骨”，意思是说自己老了，乞求皇上让自己能把尸骨留在故乡，而不要死在工作岗位上。如果不是前面“身”字用过了，这里不至于用“骸”，写文章时候通常不会在说洗澡时用这个字，容易产生不太好的联想。垢，污浊。“想”字的这个用法在现代汉语中十分普遍，古汉语中却是极少的，一般都用“欲”来表示想要、希望。执热一词，出自《诗经·大雅·桑柔》“谁能执热，逝不以濯”，大意是说谁拿着热东西会不想洗个澡凉快一下呢？因为是洗澡的典故，所以放在这里，身体脏了，或者很热的时候，为了清洁或凉爽，就可以洗个澡。这是关于洗澡的话题，是简单的生活常识，没有什么深意。

lǘ luó dú tè hài yuè chāoxiāng

驴骡犊特 骇跃超骧

犊，小牛。特，公牛。在古代的字典里，牛字旁、马字旁的字特别多，看它们的解释，往往就是各种各样的马和牛，只要具备某一细节特征，就会造一个专门的字，诸如黑眼眶的牛、白耳根的马，都有专门的字来表示。因为那时候农业还没有完全成型，畜牧业还占很大比重，后来这些字大多用不着了，少数字挪作他用，已经看不出当初的原意了。骇，马受惊。超，跃起。骧，奔驰。前面列举三种（四个）家畜的名称，后面是它们的四种动作和能力。大意是说人们饲养家畜，各有其用。只是这里有个小问题，这三种牲畜虽然也被用来拉车，但主要是让它们“负重致远”，速度不是它们的强项，“骇跃超骧”用在它们任何一个身上，都不如用来说马合适。

zhū zhǎn zéi dào　bǔ huò pàn wáng

诛斩贼盗　捕获叛亡

诛，本意是指责、声讨，所以是言字旁，后来多用于表示杀戮的意思。亡，逃跑。诛杀强盗和窃贼，捕获背叛和逃亡的人。这说的是维持社会治安的工作，类似于今天的警察。

bù shè liáo wán

布射僚丸

汉末，袁术派大将纪灵攻打刘备，约吕布出兵夹击。刘备兵少将寡，不敌袁术，也求吕布援助。吕布左右为难，为双方设宴解和。纪灵不肯和平谈判，吕布大怒，命在辕门外插一枝大戟，自己站到百步之外，约定如果自己能一箭穿过戟的方孔，两家就罢兵，如果谁不服从，自己就帮助另一家。吕布拉弓，一箭穿过戟孔。纪灵惧怕吕布英勇善战，只好领兵退去。

熊宜僚是楚国人，会弄丸——一手抛球的绝活儿，类似马戏团小丑扔瓶子、抛火把一类的杂耍。但与一般的艺人相比，熊宜僚的手艺可就高得太多了，八个球在空中，一个球在手里，一次就抛九个，还是单手表演。楚庄王的军队包围了宋国的都城，但久攻不下。这时，熊宜僚出场，在两军阵前抛丸，宋军停战观看，都看傻了。突然楚军掩杀过来，结果宋军不战而败。

jī qín ruǎn xiào
嵇琴阮啸

嵇康是西晋时的名士，擅长弹琴，写过《琴赋》，能弹奏《广陵散》——相传是一位异士传授给他的曲子。嵇康在当时的影响力很大，因为不与权贵合作，经常讥讽晋王司马昭，最终把司马昭惹恼了，借机会要杀嵇康。嵇康面不更色，只要求再弹奏一次《广陵散》，三千太学生联名上书要求学习这首名曲，都遭到拒绝。嵇康轻抚瑶琴，最后弹了一遍《广陵散》，叹息说：“我死之后，人们就再也听不到这个曲子了！”随后从容就戮。

阮籍，嵇康的朋友。他曾在苏门山向一道士学得“啸法”（像今天的吹口哨差不多，也有人说是跟练习气功有关系的动作），声音能传得特别远，用来抒发心中的愤懑。

tián bǐ lún zhǐ

恬笔伦纸

恬指秦国大将蒙恬，相传毛笔就是他发明的。然而，这只是一个传说，从文献记载和考古发现来看，毛笔并非是一人一时的发明创造，至今为止发现的最早的毛笔实物是出自战国时期的楚墓，这也足以证明蒙恬绝非毛笔的唯一发明者。伦指东汉的蔡伦。蔡伦造纸在正史中有记载，所以被列为我国的四大发明之一，但和毛笔一样，纸也不可能是一人一时的发明。当时的书信或写在竹简上，或写在锦帛上，前者很不方便，后者又太昂贵了，一般人根本用不起。其时民间已有用麻纤维造的纸，但还是成本高、原料受限制，不能普及使用。蔡伦经过深入观察、研究，用树皮、麻头、破布、旧渔网为原料来造纸。公元105年，蔡伦造出第一批纸，人称“蔡侯纸”。

jūn qiǎo rén diào

钧巧任钓

马钧，字德衡，咸阳兴平人，是三国时期的发明家，被誉为“天下名巧”，曾任三国魏博士，改进织绫机，使生产效率提高四倍以上。后任给事中，奉命制作传说中的指南车和“水转百戏”，又制作翻车，结构精巧，为近代水泵发明前世界上最先进的提水工具。他还改进了诸葛亮所造连弩及发石车等兵器。他制作的木头人能跳舞，奇妙无比。当时人们称他“巧思绝世”。

庄子说过一个任公子钓鱼的故事。任公子钓鱼是大手笔：鱼线是粗黑绳，鱼饵是五十头牛。他蹲在会稽山上，投竿东海，整整一年也没钓到鱼。有一天，突然大鱼吞饵，牵动钓钩，沉入水下，又突然冒起。一时间，白浪滔天，海水震荡，声如鬼神，震惊千里。任公子把钓到的鱼做成腊肉，从浙江以东到苍梧以北的人都饱饱地吃了一顿。

shì fēn lì sú　bìng jiē jiā miào

释纷利俗　并皆佳妙

释纷是解除纷乱，利俗是便利俗民。意思是说以上这些能工巧匠用自己的智慧和技艺为百姓谋利，造福社会，为人们所称道。

máo shī shū zī　gōng pín yán xiào

毛施淑姿　工颦妍笑

“毛施”是指毛嫱、西施两个春秋战国时期越国的美女，也是后来常用的美女的代名词。毛嫱被称为拥有沉鱼落雁的美貌，西施则原是浣纱女，后来帮助卧薪尝胆的越王勾践雪耻，灭了吴国，最后与范蠡一起泛舟五湖归隐了。淑是美、善的意思。工是善于的意思，颦是皱眉头，妍是美丽，笑是笑靥。有故事说，西施有心口疼的毛病，发作起来就手捂心口，皱眉咬唇，因为她本来很美，所以这副样子也很惹人爱怜。村东头有个丑女叫东施，她看“病西施”样子娇美，人人称赞，于是也学着皱眉捂胸，结果反而更加难看了。这就是“东施效颦”的典故，常被用来讽刺那些只知道从表面学习他人的长处，结果弄巧成拙的人。有时也用来自谦。

nián shǐ měi cuī xī huī lǎng yào
年矢每催 曦晖朗曜

时光流逝飞快，像箭矢一般，所以称年矢。古代形容时间过得快的辞藻很多，这个是《千字文》的发明，很少有人使用。曦、晖，都是指阳光。传说中太阳每天升起落下是坐着马车完成的，而赶车的神名叫羲和，因此人们也常常用羲和来作为太阳的代称，而“羲”也常常被习惯性地加上日字旁写成“曦”。晖字现在用得很少，大多出现在人名中，实际表意一般都写成“辉”。朗曜，光芒四射。和“晖”一样，日字旁的“曜”现在也很少使用，基本上都写作“耀”。《千字文》只是大体上按照内容编排，但也不能做到很严格，到了末尾这几句，要是照内容说，大多应该插到前面的相关位置，比如这里以下的四句，是天文方面的知识，和开篇的内容一致。

xuán jī xuán wò

璇玑悬斡

天上的北斗七星就是现代天文学所称的大熊星座，其中的第二颗叫天璇，第三颗叫天玑，习惯上常用璇玑来代表北斗七星。悬是悬挂、悬吊起来的意思。斡是旋转、斡旋。从地面观察者来看，北斗七星像一个大勺子，前四颗组成勺子头，称为斗魁，后三颗组成勺子柄，称斗柄。在天空中勺子柄不断地转动着，一年正好转一圈，这就是“璇玑悬斡”。北斗七星的第一颗是天枢（有时候人们也会把这一颗星称作斗魁），它和天璇的连线延长到五倍距离处就是北极星所在的位置。北斗七星的勺子柄正是围绕着北极星转的，所以有“斗柄指东，天下皆春；斗柄指南，天下皆夏；斗柄指西，天下皆秋；斗柄指北，天下皆冬”的说法。北斗七星的转动，代表了一年四季不断地推移交替。

huì pò huán zhào
晦魄环照

晦魄是指月亮而说的。过去用阴历，是以月亮圆缺的周期来分十二个月的，所以阴历的十五必定月圆，而一个月的最后一天夜晚是看不到月亮的（因为日月同升同落，所以只能在清晨和黄昏依稀看到月亮），这一天叫做晦。每月初始见的月光叫魄，通常在初二、初三开始出现。魄也可以指初升时边缘的虚光，也可以泛指月光。古代人比较重视晦、朔的日子，唐代甚至曾经把正月的晦日定为节日。于是就有了晦魄一词，通常是指晦日或月初那个几乎看不到的月亮。从每月的最后一天"晦"，到每月的第一天"朔"，再到看得见"魄"的初二初三，再到每个月十五满月的"望"，最后又回到月底的"晦"，周而复始，无穷无尽，月亮缺了又圆，圆了又缺，所以称之为环照。"环照"二字必须如此理解，否则，单就晦魄，无论如何是称不得"照"的。

zhǐ xīn xiū hù yǒng suí jí shào

指薪修祜 永绥吉劭

“指薪”，出自《庄子·养生主》，原话的意思是用手指添加柴草，柴草的燃烧是有穷尽的，火却可以一直传下去没有穷尽。用来比喻人的肉体会消亡而精神可以永存。祜是福德，修祜就是修福、积德。能够修祜，则其精神也可以像那火一样长存，不随肉体的消亡而被人遗忘。永，长久。绥，安宁。“永绥”一词多次出现在《尚书》中，因为是长治久安的意思，所以被后来人看作古雅的吉利话，诏书奏章之类最是常用。劭，美好。“劭”和“吉”两字当然也都是吉利的，但“劭”一般用来形容品行，和“吉”字是不能放在一起使用的，很可能是编《千字文》的时候剩下这些边角料的字，将就着凑成的。这是补充说行善积德的人可以长久地获得美好安宁的祝福。

jǔ bù yǐn lǐng fǔ yǎng láng miào
矩步引领 俯仰廊庙

矩步，端正的走路姿态，形容举动合乎规矩，一丝不苟。矩是画方的工具，也指方形，所以矩步就是现在说的方步。引领，伸着脖子，向远处眺望的样子。俯，低；仰，抬。这本来就是一组常见的相反相成的动作，组成词后可以表达很多不同的意思，也可以泛指人的举动。廊庙，殿下屋和太庙，都是房屋，现在的廊都是指走廊、回廊。廊庙用来指代朝廷。这两句本来要说人的举止，结果前六个字是表示各种举动的，到最后无字可用了，就填进来名词“廊庙”，就这八个字的组合来说是有些语病的，但意思还可以说通：人的一举一动要有威仪，不可随便轻佻，即便是走路的步伐，或伸着脖子张望，甚至抬头低头之间都要严谨端庄，就如同在朝廷上一般。

人的举手投足之间能反映出许多真实的本质，通常称之为气质，有些是天赋，有些则可以靠后天的修行、学习去改变。所以，不管是学文的、练武的还是神仙家，学习的要求中多少都会对举止做出一些规定，以期由此来影响内心的深层。三国的曹操有一次接待匈奴来使，曹操对自己的外貌缺乏信心，于是就让他的手下崔琰来扮演自己去接待匈奴使者，但谈话的内容又不能不听，于是自己就扮演随侍的卫兵，拿着大刀，站在崔琰的身后。完事了之后，把使者送回客栈，曹操派人去向使者打探这出戏的效果，使者说："魏王曹操没有传说中那么不同寻常，倒是他身后的捉刀人像是个很有潜力的人物。"曹操听完汇报，大吃一惊："匈奴中竟然还有眼光如此出众的人才！"于是，按照曹操一贯的奸雄作风，这个匈奴使者稀里糊涂被杀了。

shù dài jīn zhuāng　pái huái zhān tiào
束带矜庄　徘徊瞻眺

矜庄，严肃庄敬。古人衣服宽大，所以必须要靠腰间的带子束缚，才能使穿着上显得整肃，《论语》中就有“束带立于朝”的话。在古代服饰中，身上的带和头上的冠一样重要，在款式和材料上都有严格的规定，不同的身份和官品都有对应的冠带，不能乱用，于是“冠带”又成了官员的代名词。徘徊是一个典型的连绵词，没有固定的写法，由于现在还在使用，归于这一种写法，其他同音异写的就为人淡忘了。瞻眺，远望。瞻本来只是看的意思，眺才是向远处看，瞻眺是一个偏正词。瞻字在组词的时候特别喜欢前置，瞻眺、瞻望还不奇怪，另一个现在常用的瞻仰，实际上就是仰头看，按理说应该叫“仰瞻”。这是上文的延续，说到衣着和徘徊瞻眺的举止等方面也要保持严谨端庄。

gū lòu guǎ wén　yú méng děng qiào
孤陋寡闻　愚蒙等诮

孤陋寡闻，出自《礼记·学记》，指人学识浅陋，见闻不广。愚蒙，愚昧不明，也用于自称以表谦虚。等，等同。诮，讥笑。《千字文》据说是南朝员外散骑侍郎周兴嗣奉梁武帝的敕诏编纂的，事情的始末传闻不同，有故事说是周兴嗣犯了错误，武帝罚他一晚上写一篇文章，只能写一千个字，要天文地理人事无所不包，而且不能有重复的字。也有说是为了让皇子们写字识字，找了一千个王羲之的散字让周兴嗣拼成教材。不管如何，可以肯定的是周兴嗣学问很大，辛辛苦苦折腾了一晚上，总算弄出来了。现在写到最后了，也该说句套话应付一下皇上的面子，所以说自己没什么学问和见识，跟愚昧不明的人一样值得嘲笑。“愚蒙等诮”这四个字也确实生硬得足以让梁武帝笑一笑。

wèi yǔ zhù zhě yān zāi hū yě
谓语助者 焉哉乎也

不知道是不是周兴嗣写到最后发现还缺几个字而后补的，本来已经结束了，忽然又冒出来这么八个字，韵脚也和上面的没关系，内容也只是说了写文章时常用的几个语助词：焉、哉、乎、也。这些词写散文时经常比比皆是，但韵文、诗歌中就出现得很少。《千字文》用类似四言诗的写法，所以写到最后了，这几个字居然还一次都没出现过。语助词是虚词，没有实际意义，传说宋太祖赵匡胤有一次和宰相赵普走过京城南门，赵匡胤指着门匾问赵普："为什么不直接题'朱雀门'而要写成'朱雀之门'，这个'之'干啥用的？"赵普说："语助。"赵匡胤说："之乎者也，助得甚事！"赵匡胤不是文学家，实在是不知道这些语助词在写文章时能管大用。